おカネのルールは自分でつくる

兼業大家さんという超個人年金の話

藤山 勇司

Fujiyama Yuji

ビジネス社

はじめに

混迷の時代です。

これまで信じて疑わなかった常識が次々に色あせています。

超大国アメリカが世界秩序を守る警察官の降板を告げた結果、民族対立や宗教対立は激化し、中国やロシアの覇権主義が台頭しています。

雲の上のことは政治家に任せればいい。そんなご意見もあることでしょう。果たしてそうでしょうか。

日本は良くも悪くも世界の中で存在しています。確かに日本の輸出は年間約70兆円、GDP（国内総生産）に占める割合は14％。世界平均輸出依存度26％よりも12％も低い内需立国です。

ただ、石油や天然ガスに穀物など、特定産品は輸入に依存しており、外貨を稼ぎ続けなければ立ち行きません。いまさら江戸時代のように鎖国政策を選択できるはずもなく、世界と関わり続けなければならないのです。

事実、NAFTA、APEC、EFTA、TPP、FTA、さまざまな貿易協定の略称が新聞やニュースの紙面を埋めています。個々人の人生は一見、世界情勢と関係ないように見えても、深く結びついていることを、どうかご理解いただきたい。**覚悟**しなければなりません。

さまざまな貿易協定は、人・物・金・サービスの流れを加速させます。遅かれ早かれ、国の保護政策は原則取り払われ、市場原理である自由競争に任せることになるのです。加速された自由貿易により誰が得をするのか。それは多国籍企業です。企業は国境をやすやすと超え、無国籍の資金は為替や株、そして債券市場を動き回り、多額の利益を上げ続けることでしょう。多国籍企業にとって、国ごとの規制は障害そのものであり、雇用者の国籍は関係ありません。優秀であれば、国籍はどこであれ雇いたい。メジャーリーグのヤンキースに入団した田中将大投手の例を見ても明らかです。

では、自由貿易協定が加速されると、私たち一般庶民はどうなるのでしょう。

弱肉強食です。

労働力の流動性という錦の御旗のもとに、正社員の地位は有名無実となり、年金は逃げ水のように遠ざかり、患者の医療費負担率は高騰することでしょう。30年後の日本は単一民族とは名ばかり、出生児の30%〜40%はハーフか外国籍です。そして、帰化した市長や都道府県知事が珍しくなくなります。

雇用は実力主義！　20歳代で年収5億円の社員が誕生する一方、50代で200万円に届かない人もいる超格差社会になっても驚きはしません。いい悪いではなく、政治そのものを多国籍企業が動かすようになっています。多国籍企業にとっては能力こそ雇用の根拠です。総額161億円で移籍した田中将大でさえ、肩を壊せば洟《はな》もひっかけられません。彼もメジャーリーグという多国籍企業の駒の一つなのです。

彼のような特別の能力のない私たちは、大切な家族を守るために何をなせばいいのか、本書ではこの点に焦点をあてて解説してまいります。

平成26年9月吉日

藤山勇司

目次

第二章 待ったなしの生き残り戦略

第三章 投資してはならない不動産の実態

第四章 物件取得六箇条

第五章 投資の手順とポイント評価

第一章

揺れ動く世界情勢と日本

日本を取り巻く世界情勢

風が吹けば桶屋が儲かる――。

「風が吹くと、砂ぼこりで盲目の人が増える。盲目の人は三味線を弾くから、猫の皮が必要となる。猫がいなくなるとネズミが増えて桶をかじるので、桶屋が儲かる」

どこかで耳にされたことはないでしょうか。一見複雑に見える世界情勢の変化ももとを質《ただ》せばこれと同じです。

では、世界情勢を変化させる「風」とは何でしょう。

それは金融資本の無国籍化と多国籍企業です。世界の為替取引は1日4兆ドルを超えています。株式取引は2兆ドル、その上債権取引、原油や穀物等の商品先物取引を加えると、1日当たり総額8兆ドルのお金が動いています。GDP世界合計は75兆ドル前後ですから、わずか10日の金融取引で年間の世界総生産を凌駕《りょうが》してしまいます。

ただし、金融取引はただの金（証書）であり、実物取引ではない影のような存在です。ところが金融の影は長く伸び、実物取引に影響を与えているのです。

お金に国境はありません。お金を操る多国籍企業や投資家にとって、税金や規制は邪魔で仕方がありません。そこで自由貿易の錦の御旗を立て、新貿易協定を画策し自らの活動範囲を大きくしようとしている。安倍政権が参画しようとしているＴＰＰ（Trans-Pacific Partnership）、環太平洋戦略的経済連携協定もその一環です。

資本はやすやすと国境を越えていきます。企業活動に有利と見れば進出し、不利と判断すれば撤退します。経済成長を公約に掲げた政治家は企業誘致に心血を注ぎ、税金の優遇を確約して造成地を格安で売り出しています。その姿はフリーレントでテナントを必死に集める大家さんと同じ。政府が現状の法人税36・99％（国税26・17％、地方税10・82％）から20％台に減税する方針を骨太の方針に追加するのも同じ理由です。市区町村も国も、上から下まで企業詣でをしている。これが現在の世界情勢です。

新自由主義、グローバルスタンダードの国際金融資本はアメリカの国力を大きく増大させました。ところが力を蓄えた金融資本はアメリカに忠誠を誓うことなく、世界各地に飛び出していきました。結果、アメリカは双子の赤字に苦しむことになり、軍事力の大幅削減を余儀なくされ、オバマ大統領の「今後のアメリカは世界の警察官ではない」という発言にいたるわけです。

眼を光らせていた猫が弱ると、物陰に隠れていたネズミが大きな顔をするのは今も昔も変わりありません。ロシアがウクライナに手を伸ばしたのも、アルカイダが息を吹き返したのも、そして中国が領海拡大に乗り出したのも、超大国アメリカの重石が取れたからです。

日本での変化に眼を転じてみましょう。

アベノミクスの基本はデフレの脱却です。そして大胆な金融緩和、機動的な財政出動、そして民間投資を喚起する成長戦略の三本の矢が手段です。

日銀による金融機関からの日本国債の買取り、そして複数年度にわたる財政出動により経済は活性化し、為替レートは70円台後半から100円の大台を越え、8000円前後だった日経平均株価は1万5000円前後まで復活しました。インフレ率も2%に届いていませんが、1・6%から1・8%をうかがう情勢、給与もベアを復活させた大企業も出てきています。

この先、何をなすべきか。賃金上昇の継続しかあり得ません。計画通り、2%のインフレが当たり前となった後に、賃金の上昇が停滞すれば景気は足元からすくわれます。日本は国内総生産のうち個人消費が6割を占める内需立国。個人消費を冷え込ませてはならないのです。幸い日本の労働力は毎年減少しています。景気を維持し、労働力が減少すれば、賃金が上昇するのは自明の理。眠っている労働力を職業訓練やインターン制度などで目覚めさせること以外、何もしなければ当たり前のように賃金は上昇し続けます。

「角を矯《た》めて牛を殺す」、余計なことをしてはならないにもかかわらず、安倍政権は移民政策に大きく舵を切ってしまいました。外国人技能実習制度の枠を建設労働市場や林業、介護まで拡げ、高度人材として認められれば、3年間の居住で永住許可を申請できるようにしてしまいました。実質賃金の上昇に冷や水を大量に浴びせる政策、残念でなりません。

増加する移民

多国籍企業は日本の自主独立など望んでいません。関税を取り払い、人・金・物・サービスの流れを自由にしたい。いかなる規制もなくしたいと考えています。

工場の立地は労賃が安く規制が緩く、年金や雇用保険などの社会保障コストが安い国が最優先です。本社は税金の低い国が最適であり、コストを抑えた製品を何の規制もなく世界中で売りたい。多国籍企業から見れば、当然の要望です。

新自由主義とは多国籍企業主義と同義語なのです。

では、多国籍企業とはいったい何でしょう。

一見、ユダヤ資本の外資系企業と考えがちですが、**トヨタ**や**ユニクロ**、それに**ソフトバンク**も多国籍企業です。経済財政諮問会議の一員である**楽天**も多国籍企業の一員、社内公用語に英語を採用し、新入社員の6割は外国籍です。

多国籍企業にとって、国家は邪魔な存在でしかありません。国家は自由な活動を保証してくれればいい。治安と法治主義と基本的インフラを用意してくれればそれで構わないと捉えています。

多国籍企業には行動の自由が約束されているものの、国家は移動できません。一方、多国籍企業の進出と継続した投資は国家の雇用確保と経済成長に直結します。多くの投資を促し、雇用を拡大し、安定した経済成長を続けたい。日本だけでなく、どの国の官僚や政治家もそう考えています。

結果、多国籍企業の争奪戦が世界的規模で勃発しています。

法人税の値引き合戦、投資や開発費、減価償却費の優遇などなど、**国家主権のバーゲンセール**と言っても過言ではありません。

「いいじゃない。それが資本主義だし、自由主義でしょ」

果たしてそうでしょうか。

国家の基本は人の集合体であり、多国籍企業は資本と技術の集合体です。人と多国籍企業の違いは命の永さです。人は誰でも死にますが、多国籍企業に寿命はありません。ただ、これまでの企業の平均寿命は短かった。寿命の長い人間は企業よりも有利な面がありました。

企業も一種の生命体です。短命だった過去の教訓を踏まえ、内部留保を蓄え、M&Aを駆使しその身を大きくする手法を編み出しました。そして創業した国家の枠を飛び越え、最適の行動範囲を確保するに至ったのです。

労働分配率は低く抑えられ、内部留保は開発資金やM&Aに使用され、働く人に還元されにくくなりました。今年の春闘では給与の上昇を見ることができましたが、継続されるかどうか。多国籍企業は実質賃金の継続した上昇を望んでいません。コスト上昇を抑えたいのです。「このままだと日本に投資はしないよ。それでもいいの?」多国籍企業は堂々と日本国家を恫喝《どうかつ》しました。

結果、日本国政府はTPP参加を推し進め、36・99%の法人税は20%台まで引き下げることを約束してしまいました。そして外国人技能実習制度の適用範囲を拡げ、実習期間3年を5年に延長し、高度人材にはお手伝いさんの同行を認め、3年の日本滞在期間で永住権申請できるようにしたのです。

敗北と申し上げる他ない。

日本国は多国籍企業の恫喝に全面降伏したと申し上げるより仕方がありません。

日本のため？

何を馬鹿なことを。日本とはいったい何でしょう。日本とは日本人の集合体であり、決して多国籍企業のための従業員ではありません。日本国政府は日本人による自主独立国家を目指さなくてどうするつもりなのか。小一時間問い詰めてみたい。

しかしながら、大勢は決しました。

近年まれに見る高支持率、台頭する野党も自由民主党総裁の地位を脅かすライバルもいない安倍政権が短命に終わることは、まずありません。閣議決定された方針は次々と現実の法案として成立していくことでしょう。

「安倍政権に反対なの？」

是々非々で申し上げております。憲法解釈による集団的自衛権の限定容認は、中国の国際法を無視した領海進出を鑑《かんが》みればやむを得ない。ASEANや中東そしてロシアとの交渉など、反日国家以外との交渉は見事です。ただ、そうした政策も安定した日本、投資環境を整えるための政策の一つではないのか。自主独立から派生した政策ではないのではないか。そうした疑念を抱いてしまいます。

平成26年2月24日、内閣府は「目指すべき日本の未来の姿について」というレポートを出しました。

　現状の出生率のままである場合、1億2700万人の人口は2060年には8700万人、2110年には4300万人に減少する。

　そして、2030年に合計特殊出生率が2・07人まで上昇した場合であっても、2060年は9800万人、2110年には9100万人まで減少するとしています。

　内閣府のレポートはこれで終わりません。

　このままでは2030年にはゼロ成長からマイナス成長に移行し、日本は国家として成り立たなくなると警鐘を鳴らしています。

　少子高齢化は社会保障費を高騰させ、医療・介護は地域格差が拡がり、2040年には、約1800自治体のうち523の市区町村は消滅する（内閣府の予測）可能性が高いと結論付けているのです。

「こりゃ、大変だ。なんとかしないと」

　精読すれば精読するほど危機感は増大します。落としておいて、救いの手を差し伸べる。詐欺師の常套手段を内閣府も踏襲しています。

　なんとレポートの最後の最後に「外国人」という項目を設け、二つの提言を記載しました。

一つは「高度人材の受け入れ拡大」であり、もう一つは「技能者、技術者中心に移民受け入れ（たとえば年間20万人）」です。

法務大臣の私的懇談会「出入国管理政策懇談会」は、本年6月10日に外国人技能実習制度の対象業種の拡充、そして優秀な実習生は最長5年に延長するよう求める報告書を作成し、谷垣法務大臣に提出しました。移民政策の是非を国民に問うことなく法案作成を開始しています。

どんなに強弁しようと、外国人技能実習制度、そして高度人材受け入れは移民政策です。海外から来る人々は日本の文化を理解している人ばかりではありません。そして、技能実習生の8割弱は中国人という事実を日本国民は知らないのです。

実習生を誰が集めるのか、そして実習生や高度人材の推薦書は信用できるのか、不法滞在したら誰が責任を取るのか、犯罪を取り締まるコストは誰が払うのか、日本の受け入れ先の人材派遣会社は特定の企業ではないのか、政治家との癒着の可能性はどうか。社会の根幹を根元から揺らす政策の是非を国民に諮《はか》ることなく推し進めるのはどうしても理解できません。

「それで、何が言いたいの？」

残念ではありますが、移民政策はデッドラインを超えてしまいました。

事実、北海道の畜産農家、牡蠣《かき》の殻むきなど水産加工場、金属加工の工場作業員など、外国人実習生は地域産業を支えており、ゼロにすると弊害が大きく撤廃不可能です。それを横目で見ていた建設土木、林業それに介護業界などは圧力団体として外国人技能実習制度の対象業種拡大を迫り、安倍政権は確約してしまった。アベノミクスの第三の矢に組み込んでしまったのです。

アリの一穴は大きく拡がり、移民を防いでいたダムは決壊寸前。その上、地球規模で見ると、西暦元年1億人だった人類は西暦1000年に2億人となり、西暦1900年には16億人、2000年には61億人、2010年には70億人。現在は年間1億人のペースで人類の数は増えているのです。1日27万人の人々が地球のどこかで数を増やしている背景を考慮すると、このままの状態を維持することは不可能であると考えます。

当初、新規外国人の受け入れは5万人程度、ASEANやブラジルなどを加算国籍移民とし、中国や韓国からの移民の増加は制限することでしょう。ところが、日本国民が慣れた辺りから5万人は10万人、20万人と増加していくことになると考えます。

「防げないの？」

運動会前日の台風上陸をテレビで見た子煩悩なお父さんを想像してください。

本音は予定通りの運動会を望んでいます。ただ天気予報を見る限り、超大型台風の上陸は間違いない。にもかかわらず、「明日のお弁当、楽しみにしてろよ。パパが腕によりをかけて作ってるからな」こんな言葉を耳にした奥さんは「馬鹿じゃない？　明日は台風よ……」と、ため息をつくに違いありません。

希望と予測は違います。

予測が希望と違うなら、予測に沿った対策をたてるより他ない。

当然のことです。

日本は地震や台風に地すべりや津波など災害の多い国ですけれど、治水は完全であり、治安は良く、雇用や社会保障は他の国よりも充実しています。宗教問題もなく、人種差別も強くありません。反日的な言動をする人々に対しては、一部過激な主張を繰り返す人々も存在しますが、全体的ではない。海外で暮らす人々から見ると、理想的な国家です。

高度人材の偽造書類を作成し、金を積んでも日本の永住権を取得したいと考えるのは、自然の流れなのかもしれません。

未来の歴史家は2014年を、日本が移民国家を決断した年と規定することでしょう。後戻りはもはや不可能。今後は変わり行く日本の中で皆さんと皆さんのご家族をいかに守るべきか、台風上陸前の準備のように行動しなければならないのです。

雇用大破綻

コンビニや居酒屋、それに牛丼やファミリーレストランの従業員の顔ぶれは一昔前と様変わりしました。明らかに日本人でない人々が従事している割合が激増しています。

文部科学省は平成20年7月、「留学生30万人計画」を策定し、閣議決定しました。同計画は日本を世界により開かれた国とし、アジア、世界間の人・物・金・情報の流れを拡大する「グローバル戦略」を展開する一環として２０２０年を目途に30万人の留学生受け入れを目指す政策です。

２０１３年6月、安倍政権は日本再興戦略や第2期教育振興基本計画を閣議決定し、「留学生30万人計画」を着々と進行させています。現在の留学生は13万５５１９人、２０２０年には倍にしようとしています。反日国家である中国からの留学生は8万１８８４人、韓国からは1万５３０４人、合計9万７１８８人、その割合は72％です。

日本で学び、祖国と日本との架け橋になる人材であれば、留学生の受け入れにも意義があります。ところが、その実態は帰国しても反日。親日的言動は皆無です。

さらに国費留学生は返済不要の月額約12万円を支給され、授業料や入学金は免除され、往復航空券も日本政府が負担しています。そして私費留学生の場合でも月額4万8000円が支給されているのです。

その昔、ファミレスやコンビニのバイトは高校生や大学生のお小遣い稼ぎの場であり、社会に出る前の疑似体験の場所でした。今では海外からの留学生14万人や日本語学留学生4万人、そして違法滞在者の格好の稼ぎ場所となっています。

技能実習制度とは日本で開発された技能・技術・知識の開発途上国への移転をはかり、開発途上国等の経済発展を担う「人づくり」の寄与を目的に創設されました。

ところが、その実態は安い労働力の確保でしかありません。牡蠣《かき》の殻むき技術を習得したとしても、牡蠣の養殖技術も筏《いかだ》もない祖国に帰り、いったい何がしたいのでしょう。水産加工業だけではありません。農業においても金属加工業においても同様の技術のミスマッチは腐るほどあります。

現在、3年限定の技能実習生は10万人、うち1500人が行方不明となっています。割合にすると1・5%ですが、うち7割は中国人です。滞在資格のない犯罪者である不法滞在者が毎年1500人増加している実態をどう日本政府は考えているのでしょうか。

さらに内閣府が本年2月に打ち出した提言によれば、毎年20万人の移民を奨励しています。現在の外国人技能実習制度は3年のローテーションですから1年で約3万5000人、内閣府の提言は現状の移民政策を6倍にするということ。今でさえコンビニやファミレス、そして地方の工場では外国籍の人の存在が目につくのに、ここから倍どころか6倍になったとしたら、どうなるのか。

低賃金労働者の賃金抑制圧力はますます強くなります。

当然の結果です。一昔前、キツイ・キタナイ・キケン＝3Kと呼ばれる職種はそれなりに高額の賃金が期待できました。労働環境が苛酷ならば、高額の給与を支払う社会的合意があったのです。ところがこの3K職種を外国人技能実習生が埋めると、賃金が抑え込まれてしまいます。人は誰しも能力が一定ではありません。頭を使うよりも、身体を動かすことが得意な人々もいる。身体を動かすことを得意とする日本人が就職する場を外国人に奪われると、彼らの働き口がなくなってしまいます。やる気をなくし引きこもり、犯罪に走る人々も出てくることでしょう。他人事ではないのです。

追い討ちをかけるように、高度人材の受入れ制度を安倍内閣は成長戦略の一環に組み入れてしまいました。

高度人材受入推進会議では、「経済成長の鍵は人材であると規定し、能力に見合った高い処遇での人材誘致や、魅力的な雇用環境、生活環境の整備を早急に進める」としています。

安倍政権では、2020年に現在の10倍程度である1万人の高度人材の受け入れを成長戦略に組み入れる方針を決定しました。「妥当な線でしょ。たかが1万人だし」

とんでもない思い違いです。1万人ではなく、毎年1万人です。

今後、子供の成人する人数は年間約120万人。そこに1万人加わることになるのです。上位職種は明らかに熾烈な競争に叩き込まれることになるのは間違いありません。

大阪市長である橋下徹氏も「少子高齢化の時代で外国人の力を借りざるをえない。体制を整えてどんどん受け入れる」と6月15日の街頭タウンミーティングで聴衆の質問に答えました。そして東京都の舛添要一知事は5月19日の海外メディア向けの講演で、能力の高い外国人労働者を誘致するために、規制を緩和するとし、安倍政権と連携し外国人労働者が生活しやすい特別行政区を設ける計画を明らかにしたのです。

右を向いても左を向いても、「**移民政策万歳！**」。反対意見など、どこにもありません。

今後の日本人の新規就労者は少子化の現在、年間120万人でしばらく推移することになります。そこに上位職種で毎年1万人の外国籍の人材が流入し、8万人の外国人留学生が就職し、移民などで毎年20万人が日本の労働市場に入ってくるわけです。

さらに安倍政権は成長戦略の一環として解雇の金銭解決など、企業が社員を解雇しやすくする「解雇規制の緩和」を議論し続けています。産業競争力会議では1月20日に提言としてまとめたものの、当面は議論を続けることとし、新成長戦略のメニューには取り入れないとしています。

　しかしながら、遠くない未来に法案として可決されることでしょう。なぜなら、「業態変化の激しい企業競争の中、人材のミスマッチ解消」という錦の御旗に真正面から反論するのは困難だからです。

　上位の雇用は高度人材受け入れや外国人留学生の就職で競争激化。下位の雇用は外国人技能実習制度で仕事を奪い合い、中間は解雇に怯《おび》え続ける。

　２０１４年は雇用大崩壊の導火線に火がついたと申し上げる他ありません。ばちばちと火花を散らしながら導火線は短くなっています。公務員も安穏としていられません。日本創成会議によると、地方から大都市圏への人口流入や少子化が今のままであるとしたら、２０４０年には自治体総数約１８００団体のうち８９６の自治体の若年女性が減り、消滅するおそれが高くなると予測しているのです。危機感をあおる過激な予測ではないかとの意見もありますが、公務員だから安心というわけにはいかないのは自明の理。勤続年数で信用される雇用関係は今や風前の灯と言っても過言ではありません。職種や能力により、雇用大崩壊の導火線の長さは違います。皆さんの目に、導火線はどう映っているでしょうか。

年金・生活保護・医療保険が破綻した格差社会

経済財政諮問会議は「70歳までを働く人と位置づける」と提言しました。

２０１４年現在、２・６人の現役世代が１人の高齢者を支えているものの、46年後の２０６０年には、１・２人の現役世代が１人の高齢者を支えることになる。ない袖は振れないから、現行モデルは変更するしかない。とりあえず平均寿命が延びたので働く人の定義を変更しよう。社会的な認知が高まったところで、年金支給開始年齢を引き上げ、支給金額を減額していこう。どうも財務省と厚労省のお偉方はこんな合意事項を取り決めているように感じます。

事実、重箱の隅をつっつくような支給減額措置は確実に実行されています。デフレが続き、本来であれば物価スライドにより年金支給額を減額しなければなりませんでした。ところが高齢者の反発を怖れた時の政府は減額措置の先送りを続け、現行の支給金額は２・５％以上高いまま。そこで3年かけて減額し規定の支給水準に戻す措置を決定しました。年率２％のインフレターゲットを掲げる安倍政権の方針と整合性は取れているのでしようか。

また年金支給開始年齢は男性2025年、女性2030年に65歳まで引き上げられます。ここまでは規定路線、すでに決定された年金支給開始年齢の引き上げです。

「まぁ、仕方ないいんじゃないの。実際、平均寿命は延びたんだからさ」

5月11日のNHKの番組において田村憲久厚生労働相は、「現行の公的年金の支給開始選択制70歳を75歳まで広げるべきとの案が与党から出されている」と年金支給開始年齢のさらなる引き上げについて言及しました。


ない袖は振れないし、振らない。


増え続ける社会保障費を抑制したい政府の本音は、支給開始年齢のさらなる引き上げです。10年後、支給開始年齢70歳が議論され、15年後には75歳が議論されているかもしれません。年金は逃げ水のように、近づけば遠ざかる幻の存在なのです。

2004年、自民・公明の連立政権は「年金100年安心プラン」という年金制度改革を実行しました。その骨子は所得代替率50％を保証するものでした。

簡単に言えば、現役時代の収入に対する年金支給額を最低50％保証するから安心してほしいということです。現在の所得代替率は62・7％ですから、たとえ50％が保証されたとしても12・7％、現行の支給額よりも2割の減額です。

本年6月3日、厚生労働省は5年に一度の財政検証を発表しました。財政検証はAからHまで8つのケースから成り立っています。AからEまで、日本経済が順調に経済成長を続けるケースにおいては51・0%から50・6%と、ぎりぎりで所得代替率を超えています。ところが低成長を前提としたFとGの所得代替率は50%を切り、最悪のケースを想定したHにいたっては、2036年に所得代替率は50%を下回り、2055年には年金積立金の129兆円が枯渇してしまいます。

識者の一部には「厚労省はアリバイ作りをしたな。奴らの本当の試算はHだ。それを誤魔化すためにAからFまで7つのケースを追加しただけだ」と厚労省を見透かしたようなコメントを述べている方もいらっしゃいます。

ともあれ老後の資金は良くなるどころか、悪くなるのは間違いありません。人は誰しも老い、病をわずらい、遠くない未来にあの世に旅立ちます。老いた生活を支えるはずの年金の実態は心もとないのがお分かりいただけたことでしょう。では身体を病み、働けなくなった際のセーフティーネットである生活保護は今後も大丈夫なのでしょうか。

経済成長の続いた1995年、生活保護は88万2229人まで減少したものの、金融危機と景気の悪化により増加に転じました。1999年に生活保護受給者は100万人を超え、２００５年には１５０万人に迫り、２０１１年には２００万人を上回り、２０１４年４月現在は２１５万９８４７人になったのです。１９９５年から19年経った２０１４年までに１２７万７６１８人の増加、驚くばかりです。

生活保護は憲法25条「すべて国民は、健康で文化的な最低限の生活を営む権利を有する」を根拠として施行されています。生活保護費用は国が４分の３、自治体が４分の１を負担しています。

ない袖は振れないし、振らない。

政府の方針は一貫しています。ここに来て国民年金との差に言及するようになりました。「国民年金を支払わず、年金支給対象者とならなくても、生活保護を申請すれば国民年金の２倍以上の支給が受けられるのはいかがなものか」という議論が当たり前に行われるようになってきました。

そして生活保護の違法受給者は逮捕し返還請求を迫り、新聞やテレビで広く告知しています。これ以上、生活保護受給者の増加を防ぎ、あわよくば生活保護支給金額の減額に結びつけたいという意図が露骨過ぎると感じるのは私だけでしょうか。

また、生活保護受給者の３親等以内の身内による援助を担当官が電話で依頼するようにしています。今後は義務を強制に切り替えていく可能性もある。おちおち病気になることもできない。**落ちたら、とことん落ちる、**弱肉強食の世界が忍び寄っているようです。

そして医療保険。患者の負担率はどんどん上がっています。現状の3割の負担はどこまで上がるのか。本年4月、70歳から74歳の医療負担金が段階的に見直されることになりました。平成20年度以降、1割だった負担金は原則2割となったのです。

ない袖は振れないし、振らない。

医療費の現場も袖を振ることに躊躇《ちゅうちょ》しています。

1996年度の医療費の総額は28兆5000億円、国民1人当たりの医療費は22万6000円でした。15年後の2011年度の医療費は38兆6000億円、1人当たりの医療費は30万2000円と急騰しています。

国民皆保険がこのまま維持されていくのかどうか。維持するには、患者の現行負担率3割からどのくらい上げるべきか。厚労省は秘密裏に議論を重ねています。

正面から反論できない「国民皆保険の維持」という錦の御旗を掲げ、正面突破を図ることでしょう。金持ちは混合医療で最新の治療を受け、貧乏人は風邪もひけないし、歯の治療もできない。国民皆保険なんていつの時代？

そんな時代が間近に迫っています。

第二章

待ったなしの生き残り戦略

10年以内に兼業大家さんを確立しなければならない理由

政府の産業競争力会議と経済財政諮問会議の合同会議において、安倍総理は、「時間ではなく、成果で評価される働き方にふさわしい、新たな労働時間制度の仕組みを検討していただきたい」

とする政府方針を新成長戦略、骨太の方針に反映するよう指示いたしました。

なんだか「骨太の方針」という枕言葉を入れれば、どんな政策であってもそれらしく聞こえると思うのは私だけでしょうか。

本来、労働基準法第32条において、労働時間は1日8時間1週間40時間と定められています。一定の条件を満たせば、1ヶ月を平均して1週間当たり40時間とする労働制度の選択も可能で、基本的に超過した時間は残業となります。残業時間内の労働は労働基準法第36条による労使協定を締結し、割増賃金の支払いが必要です。

多様な働き方、新成長戦略に資する労働基準法の改定……。

「労働基準法が定められた当時は工場労働がベースにあり、現在の雇用環境とは大きく異なる。だから、現状に合わせた法律の整備は必然だ」

字面だけ追うともっともな意見に思えます。

給与は成果の対価だから、時間で給与計算するのは労働性を反映していない。成果を上げれば、短時間の労働で構わないし、成果が上がらなければ、報酬を制限するのは当然のこと。

誰から目線でしょう。当然のことながら、労働者の目線ではなく経営者からの言い分であることは間違いありません。

ここにも、多国籍企業の恫喝に屈した安倍政権が透けて見えます。

メディアはこぞって「残業代ゼロ法案」に反対を表明しました。安倍政権は、1000万円を超える給与雇用者を対象とする等、給与面のハードルに言及したものの、「将来も1000万円を下限とするのか」という国会での質問に対し、「経済は生き物ですから、絶対ということはありません」と言質を与えることはありませんでした。

上記法案は財政諮問会議や産業競争力会議の提言から生まれました。

中でも、昭和26年のひな祭りに生まれた竹中平蔵氏の言動は看過できないものがあります。彼は元経済財政政策担当大臣にして、元金融担当大臣。現在は政府産業競争力会議議員であり、国家戦略特別区域諮問会議の議員も兼務しています。そして彼は２００９年８月26日、人材派遣会社であるパソナの会長に就任しています。就任1年後の２０１０年の売上高は１８３５億円、昨年の２０１３年には２０７７億円と２０００億円の大台を突破！　政権の中枢に近寄ると、会社の業績も急上昇するようです。

彼の言動に疑問を抱いたのは、ある討論番組の中でのことです。

竹中平蔵氏は、「正社員は守られすぎている。現状の正社員の制度を維持したままでは日本の社会は発展できない」と臆面もなく断言したのです。

我田引水《がでんいんすい》の最たるものと揶揄《やゆ》されても仕方がありません。

パソナグループの野望はこれだけにとどまりません。外国人技能実習制度、高度人材の日本国内の受入れを虎視眈々《こしたんたん》と狙っています。人材派遣大手パソナの野望が成就するかどうか、それは分かりません。ただ外国人技能実習制度は対象業種や受け入れ人数ともに拡大を続け、高度人材の受け入れ人数は年間1万人を超え、会社都合の解雇は金銭補償で容易となり、残業代は有名無実となることでしょう。パソナが抜ければ、他の企業や独立行政法人が埋める。圧倒的な改革圧力を前に防ぎようはありません。

結果、どうなるのか。

雇用が不確かになります。未来の労働者はプロ野球の選手と同様、**ある日突然戦力外通**

告を受けることになるのです。堅い職業はどこにもありません。雇用は水物、いつ無職になるのか、不安におびえる日々がすぐそこに来ています。

能力の高い人にとっては最高の環境です。スキルが高く、活躍が期待される新人は契約金1億円、年俸5000万円から始まります。一方、どんぐりの背比べの並の新人は年収200万円に到達するかどうか。成果を上げなければ、ある日突然「解雇通知」を受け取ることになるのです。

技術の伝承など前時代の遺物に成り下がる恐れがあります。己の習得したスキルを赤の他人に渡すと、自らの地位が相対的に下がり、解雇の危険性が高まるのであれば、自己防衛本能が働きます。日本が得意とした「全社一丸」はかけ声だけに終わります。

政治家と企業家は似ているようで、まったく異なる資質が必要です。

企業家は他社の仕事を奪い、利益を上げ続ければ名経営者です。一方、政治家は護送船団宜しく、国の安全と秩序を確保しつつ、全体を成長させなければなりません。企業にとって社員は換えの効く部品ですけれど、国家にとって有権者である国民は変更できない一《いち》蓮托生《れんたくしょう》の存在です。企業と政治家の利害は「成長や利益」では握手できるものの、安定した雇用環境という「秩序」において利害は対立することをどうか分かっていただきたい。企業内の腐ったみかんは解雇すれば、それでお終い。しかし国家に利益をもたらさない能力の低い人や老人を放り出すことはできないのです。

安倍政権は国の安全については、地球儀を俯瞰《ふかん》した外交や個別的自衛権や集団的自衛権の見直しで目覚しい成果を上げています。しかし国の根幹に関わる雇用面においては、国民を新自由主義に売り渡そうとしている。残念でなりません。

雇用が不安定化すると、兼業大家さんの成長マニュアルも厳しくなります。兼業大家さんとは本業で安定した給与を得ながら、並行して不動産賃貸業を成長させるビジネスです。自己資金で貸家を増やし続けることは困難です。どこかで金融機関から借り入れ、共同住宅の経営にステップアップする必要があります。そこで切り札になるのは**属性**という社会的信用です。属性とは年齢、勤務先、勤続年数、給与、役職、家族構成、自己資金、負債、所有財産に、給与外所得などなど、雇用者を数字で判断する社会的指数です。

これまでは自己資金で貸家を購入し、本業で頑張りながら金融機関の融資担当者から見た属性を上げる。一定の成果を上げたところで、金融機関から借り入れを受けて、共同住宅にステップアップし、経営を拡大する。数多くの先輩大家さんが踏襲してきた成功マニュアルが存在しています。しかしながら雇用の安定性が揺らぐと、金融機関は融資を躊躇《ためら》います。順調に発展する戦略は風前の灯です。

国家はタンカーのように大きな存在ですから、すぐに雇用環境が変わることはありません。これまでの常識が通用するのはあと10年。その間に適度な事業規模の大家さんに到達しなければ、不動産賃貸業で経済的独立を達成することは極めて難しくなるでしょう。

ルールに従うだけでなく、作る側に回れ

多くの方は経済的独立を果たせないまま一生を終えます。

これまでは、それで良かった。何も無理して一国一城の主を目指す必要はありませんでした。組織の掟を守る限り、弱者であろうと、ともに暮らしていける暗黙の了解がありました。

江戸時代は士農工商という階級社会でしたが、武士が農民、職人、そして商人を奴隷《どれい》のように扱うことはなく、分をわきまえ、秩序を守る存在として機能していました。農民は「結い」という庄屋を頂点とした共同社会、職人は徒弟制度、商人は丁稚からノレン分けと、集団を貫く秩序が存在していました。

そして現在、古くから続いてきた日本の秩序が根底から変わろうとしています。

判断基準は、個人の能力です。過去の実績や貢献は考慮されず、現時点で能力があるか

どうかが問われる社会への変革を迫られています。優勝に貢献したとしても、成績が振るわなければ二軍落ち。二軍でも期待を裏切れば、翌年には戦力外通告。関係ないと思っていた激烈な競争社会が一般社員にも適用される。**社畜のままでは、食肉加工センターに連れて行かれ、ばらばらに解体される恐れがある。**経営者は利益の追求に走り、企業の命脈を保つために労働分配率を下げ、日本人の雇用よりも企業の役に立つ外国人の雇用を優先している。

幻想を捨てるべきです。一般の企業、特に海外に進出している多国籍企業は、社員の生活なんて考慮していません。ならば人生を会社に捧げる必要はなく、大切な家族を守るために行動する必要があるのです。

思い返すと、知らず知らず私たちは誰かの決めたルールに従い、暮らしています。乳飲み子の間はママやパパ、学校に行くと先生、そして社会人になると上司や会社が決定したルールの中で生活しています。だからでしょうか、いつも誰かの評価を気にしてしまう。所属先が決まらないと、不安になる。入学試験や入社試験では髪を振り乱し、己の全存在をかけて臨みます。

ルールを決定する上位者、親や教師や経営陣が分をわきまえ正常な判断をされるなら、問題はありません。しかし法律を無視したり、上位者の地位を守るための指示や業務命令を下された場合はどうしたらいいのでしょう。直属の上位者の意に沿わなければ、落第の烙印を押される。仕方なく従うとそれが当たり前となり、自らが上位者になると同じような指示を部下に下してしまう。

これまでは、それで良かったのかもしれません。社内の常識は社会の非常識という例は多かれ少なかれ、どの会社や組織にも存在します。同窓会などでは、「会社あるある」で盛り上がったりします。ところが成果や能力を唯一の物差しにされると、そんな誤魔化《ごまか》しやお追従《ついしょう》は何の意味も持たなくなります。

「私は会社を愛しています」と連呼しても、「それで、あなたは前四半期いくら儲けたの？　こっちは慈善事業じゃないんだよ！」と一喝されて終わり。

冷酷無比な時代が始まろうとしています。

もう、いいじゃないですか。会社との関係はその程度と再認識すれば、それでいい。日本人だからと優先してくれるわけでも、これまで貢献したから大目にみてくれることもない。刹那《せつな》の業績ではかる体制に後ろ髪を引かれることこそリスクです。

大家さんは、まごうことなきルールの決定者です。なぜなら貸家の外装・内装・設備、家賃を含めた貸し出し条件のすべてを大家さんが決定します。つまり貸家のルール決定権者は誰でもない大家さんです。その上、月々のキャッシュフローが10万円を超えると生活の柱となり、20万円を超えると、働かなくても暮らせます。「生活できないから働く」から、「働きたいから働く」に変化し、経済的独立を勝ち取るわけです。

最近、気付いたことがあります。兼業大家さんは経済面だけでなく、心のバランスを取る上でも非常に優れています。貸家は社会から比べると、小さな限られた空間ではあるけれど、その中では**神の如き存在**。心理療法で言うならば「箱庭療法」です。

仮に購入した一軒家の中にペンキをぶちまけても、卵をいやと言うほど投げても、誰も何も文句を口にしません。後始末はダスキンに頼めば、元に戻ります。もちろんストレス発散の場だけでなく、適宜リフォームをすれば家賃を運んでくれます。

イギリスで確立された箱庭療法は、日本でも平安時代から盆石《ぼんせき》という遊びとして誕生し、戦国から江戸にかけ箱庭文化として定着しました。限られた空間をどうデザインするのか、誰の指示も受けず、自由だからこそ心の安らぎを得ることができるのです。

誰かのルールではなく、自らのルールを持つからこそ、自由でいられる。他人の価値観に縛られるのではなく、己の良心に従い自ら行動するトレーニングでもあります。

それから**自らルールを作る側に回ると、私たちを判断する経営者の視点を獲得する**ことにつながります。本業を維持する上でも、兼業大家さんは効果を発揮するのです。

兼業大家さんという超個人年金

攻撃は最大の防御。**年金が少ないと嘆くなら、稼げばいい。**

労働をするのではなく、大家さんになり家賃を受け取る側に回ればいい。単純ですけれど、生き方を変える戦略です。そして兼業大家さんとは、名乗りを上げた瞬間から年金のように毎月家賃を受け取れる〝**超個人年金**〟なのです。

「超個人年金って、何？」

お役人の共済年金、企業従業員の厚生年金、そして国民年金。年金にはさまざまな種類があります。ただ、年金は大昔からあったわけじゃありません。初めての年金は明治8年の海軍退隠令、陸軍恩給令に始まり明治17年には文官恩給令が施行され、共済年金がスタートしました。昭和17年には労働者年金保険が成立、今の厚生年金の前身が産声をあげたのです。そして国民年金が登場するのは、高度経済成長真っ盛りの昭和36年。地方の農業従事者を都会に呼び寄せるための苦肉の策でした。我が子が都会に行っても国民年金があるので、暮らしていける。両親から許可を得た田舎の若者は「金の卵」と呼ばれ、都会に吸い込まれていきました。

そして、現在。

あと数年で年金支給開始年齢は65歳になり、5年以内に70歳の支給開始年齢が議論されることになると予測します。年金制度の維持を第一と考える官僚から見ても、労働力不足の続く国内の現状から見ても、年金支給開始年齢の引き上げは止めようがありません。現在の40歳男性の年金支給開始は70歳、30歳男性の年金支給開始は75歳と想定した老後の生活スタイルを構築しなければなりません。

何をするにもお金がかかります。

退職を余儀なくされると、どうやってお金を稼げばいいのか分かりません。会社の看板もなく一人で稼ぐことの難しさをいやと言うほど思い知ります。年老いてからの起業はリスクばかり。平穏無事な生活を選ぶなら、退職金を起業に費やすのは愚の骨頂です。

そこで注目され始めたのは「個人年金」です。

個人年金が誕生した背景は、理想の老後の生活費と現実の老後所得の乖離《かいり》です。

平成25年度に生命保険文化センターが調査した「ゆとりある老後の生活費」は、月額35万4000円。

一方、平成24年に厚生労働省が調査した高齢者世帯1世帯あたりの平均所得は月額25万

7000円と、月額9万7000円の差が生じています。

この隙間を埋めるため、個人年金保険が誕生しました。個人年金の平均年間保険料は18万9400円に退職金などの一時払い金。一方、平均年間給付金額は111万9000円です。給付期間は、おしなべて60歳から70歳までの10年間です。

それでは競馬実況よろしく、個人年金レースを解説してみましょう。

『さぁ、個人年金レースの開幕です。

加入条件は35歳、60歳まで満額払い込みで、いったいいくら払い込まれるのか？

ファンファーレとともに、生命保険会社一斉のそろい踏み。

各社一斉にスタート！

明治○田生命が国内勢で抜け出したぁ～！　月額3万3000円で25年間、総額990万円が1188万3500円、なんと120・03％ぉおおお！！

あとはドングリの背比べ、各社3万円前後25年間の支払いで、総額1000万円前後、利回りは112％～115％、足並みを揃えています。

おっと、ここで外資生命保険会社が抜け出した。AIG○ジソンからジブラ○タに名称を変更した月額3万円、300回支払いはなんと驚きの1440万円。脅威の155・6％をたたき出したぁああ。ところが、ここで落馬、なぜだか販売停止だぁ』

いかがです？　これが個人年金の実態です。

35歳から毎月3万円を支払い、60歳から70歳までの間、年間100万円の個人年金を受け取るわけです。利率は115％とか、120％などなど、目をひく数字を羅列していますが、払い込み期間の25年で割ると、年率1％にも届かない低利回りです。しかも10年受け取った後には契約は終了し、1円も支払われることはありません。401kとかなんとか、確定拠出年金も存在しますが、それも同じ穴の狢《むじな》。元金保証がされているわけでなく、投資先を大まかに選択できる個人年金に過ぎません。

いずれも生命保険会社と名乗る胴元がいて、集めたお金を投資に回し、若干増やした上で60歳から70歳の間、契約者に給付するだけのこと。目新しさはありません。

それに対して**超個人年金**とは、個人で実行する不動産賃貸経営を主軸とした不動産投資です。

仮に35歳から3万円を積み立て、400万円で戸建てを購入し、月額6万円の家賃を受け取るとしましょう。400万円の内訳は250万円〜300万円を本体費、それ以外を仲介手数料やリフォーム費用とします。中古建物の価値はなく、土地値だけですので敷地は40坪前後。敷地価格から建物解体費を差し引いた金額以下を購入妥結金額の目安とします。

購入方法は競売不動産や任意売却物件、そして一般媒介物件に半値八掛け、希望売却価格の40%の買主購入希望価格を突きつける「**鬼指し**」を徹底します。固定資産税や都市計画税、それに再リフォーム費用の積立金などの維持費は月額1万円。余剰家賃は月額5万円です。

先行き不安な年金の積み増しが目的ですから、毎月3万円の他に余剰分として生じた家賃はそのまま再投資に回します。借金は1円もせず、ただただ400万円が貯まったら、次の戸建てを購入し、賃貸市場に出して家賃を稼ぐ。稼いだ家賃はそのまま再投資に回すというアクションを愚直に繰り返すと、以下の結果となります。

貸家軒数	回　数	払い込み金額	月額貸家家賃	月額再投資金額
0軒	1～133	400万円	0万円	3万円
1軒	134～184	800万円	5万円	8万円
2軒	185～215	1200万円	10万円	13万円
3軒	216～238	1600万円	15万円	18万円
4軒	239～256	2000万円	20万円	23万円
5軒	257～270	2400万円	25万円	28万円
6軒	271～283	2800万円	30万円	33万円
7軒	284～295	3200万円	35万円	38万円

お分かりになるでしょうか。

念のため「1軒」の数字を解説します。0軒の間の3万円を133回預金して、400万円貯まったところで戸建てを購入し、余剰家賃5万円が手に入り、再投資に回す金額は3万円から8万円に上昇します。8万円の再投資で次の400万円が貯まるのは50回ですから、1軒の期間は134回に50回を足した184回となります。

ここで注目していただきたい数値があります。

1軒目に掲げた回数は133回ですけれど、2軒目までの期間は50回、3軒目は30回、4軒目は22回、5軒目は17回、6軒目は13回、7軒目は12回、そして8軒目は11回と1年を切るのです。

次の貸家を取得するための月数：133→50→30→22→17→13→12→11

結果、60歳を迎える5ヶ月前の59歳と7ヶ月の時点で、所有している戸建ては8軒。楽々と事業規模を超えています。

借金は一切ありません。しかも土地値よりも安い仕入れ価格です。1軒あたりの平均市場価格を400万円とすると3200万円。そして5ヶ月分の215万円（5万×8軒

＋3万円〕×5ヶ月）の現金も別にあります。

さらには、60歳以降永続して40万円（5万円×8軒）の余剰家賃を手にできます。

これを〝**超個人年金**〟と呼ばずして何と呼べば良いのでしょうか。

他人に投資を任せることなく、自らスキルアップし、自ら物件を選択して投資をしたからこそ手にできる果実なのです。

生命保険各社が好感度の高い俳優や女優を起用してテレビCMを流す個人年金の利回りは年間1％にも満たない、普通預金と似たり寄ったりの投資効果しかありません。

ところが貸家を主軸とした超個人年金である不動産投資は異次元の投資効率を誇り、地に足がついているので継続性を失いません。10年どころか20年だって30年だって稼ぎ続けてくれます。

25年の間、兼業大家さんをやっていれば、もう素人ではありません。

5年を経過した貸家を売却してアパート経営にステップアップも可能でしょう。

もしも月々10万円、いや20万円稼げればそれでいいと判断なさるなら、4軒目の238回、19年と10ヶ月でやめればいい。手出しは月々3万円ですから、714万円に過ぎません。各社理想の月額給付金額10万円ならば184回、15年と4ヶ月で終了です。積み立て総額は552万円です。しかも年金は60歳ではなく、50歳と4ヶ月で10万円を受け取れる生活に突入するのです。

個人生命保険の胴元である生命保険会社は25年の間、家畜のように大人しくお金を支払わせ、10年の間給付をするだけ。あとは野となれ山となれ。契約者の人生を考えているわけではありません。生命保険会社は人生の守護者のような顔をしていますが、契約者の義務の履行に対して給付をするだけの存在です。

あなたの人生です。

身内でもない、どこの馬の骨かも分からない赤の他人にかけがえのないあなたの人生の手綱を渡してどうしようと言うのです。あなた個人だけであれば、ご自身が納得すればそれも良いでしょう。しかしあなたの傍には奥さんがいて、子供たちやご両親がいる。不安のない人生をつくり上げるため、超個人年金の世界に足を踏み出し、揺るぎない財務基盤をお築きになってはいかがでしょうか。

第三章

投資してはならない不動産の実態

新築という名の落とし穴

「新築一秒、ローン一生」という標語をご存知でしょうか?

知らなくて当たり前です。

なぜなら、〝注意一秒、ケガ一生〟という交通安全の標語をもじって作成した私の造語だからです。ただ新築という響きは日本人にとって何物にも変えがたい魅力があるのかもしれません。周辺の中古住宅と比較して高いと分かっていても、どうしても新築住宅が欲しくなる気持ちは抑えることができません。

どうせ一生に一度の買い物だから、購入可能なら「新築」のほうがいい。将来、住宅ローンで困ることになるかもしれないと分かっていても、「今の家賃に4万円プラスするだけだから」「子供が生まれたら部屋数も必要だし」「ローンが終われば、財産になるから」などなど、さまざまな理由を思い浮かべ、数値から導き出した新築マイホーム購入の欠点を隅に追いやり、不動産売買契約書に署名し、朱肉をたっぷりつけた印鑑を押しつけ、ぐっと力を入れて離します。

「はい、新築住宅はそこまで。印鑑を離した瞬間、新築住宅は中古住宅になりました」

嘘のような本当の話です。

不動産売買契約書の重要事項説明を受け、署名捺印した瞬間、新築住宅は中古住宅に変貌します。その間、わずかに「1秒」しかありません。その後は、どこからどう見ても、中古住宅であることに間違いありません。

なぜなら不動産売買契約書に署名捺印した後に、契約を破棄すると手付金である売買契約書金額の5％と仲介手数料の半金1・5％は水の泡と消えてしまいます。そして、残金を支払い、受け渡しされ、未入居の状態で売りに出したとしたら、本体価格の26％の損をすることになるのです。内訳は以下の通りです。

「新築直後のマイホームを売却した際に予想される損失26％の内訳」

①中古としての値引き　――――　10％前後

②諸経費　――――　8％前後

（仲介手数料＋登録免許税＋取得税＋抵当権設定費用＋司法書士手数料）

③消費税　――――　5％前後

（現行8％の建物分、10％になると6・5％に上昇）

④売りの仲介手数料――3%+6万円+消費税

ご理解できるでしょうか?

「そうか、だったら売らなけりゃ、損にはならないんだね」

損益計算書のサイドからだけ考えれば、確かにその通り。しかし個人にも企業と同様の財務諸表があります。財務諸表のもう一つの側面は貸借対照表の側面からです。マイホームはまごうことなき財産です。ただし住宅ローンという債務があります。そして時価という推測換金金額もある。債務よりも推測換金金額が高ければ、含み益となります。債務よりも推測換金金額が低ければ、含み損となる。マイホームの貸借対照表は債務超過になっているのです。企業であれば、特別損失を計上しなければならない非常事態です。

損失の内訳を見てみましょう。

仮に売却しないとしても、

①の中古住宅の値引き金額は差し引かなければ売り物になりません。日本人は新築住宅が異常に好きなので、たとえ未入居だとしても登記簿謄本に旧所有者の名前が掲載されていると、中古住宅と認識するからです。

次に②の諸経費は文字通り「泡」と消えてしまいます。購入の諸経費は原価に算入できません。ましてや諸経費分を上乗せして購入する奇特な人間がいるはずはありません。

そして③の消費税分も所有者負担です。一昔前、消費税は建物部分の3％でした。土地に消費税はかかりませんから、さほど気にする必要もなかった。

仮に土地1000万円、建物2000万円の新築戸建て住宅を考えてみましょう。消費税3％の時代は2000万円の3％ですから60万円、消費税が5％の時代は100万円、そして現行8％になると160万円、本体価格の3000万円から見ると5・3％の割合を占めるようになったのです。仲介手数料よりもはるかに高額の経費です。

2012年6月15日に民主党・自民党・公明党の三党合意で決定した「社会保障の安定財源の確保等を図る税制の抜本的な改革を行うための消費税等の一部を改正する等の法律案」で2015年の10月に、現行の8％から10％に引き上げられる予定です。安倍首相が国債の信用度などを考慮し、半年引き延ばすかどうかはともかく、いずれにせよ現行の8％の消費税を10％に引き上げることになる。そうなると、2000万円の建物の消費税160万円は200万円、本体価格3000万円に占める割合は6・6％となります。

いずれにせよ、引き渡しを受けた時点で①の「中古としての値引き――10％前後」、②の「諸経費――8％前後」、そして③の「消費税――5％前後」は「泡」と消え、購入者の負担となります。それだけではありません。入居したとすると、引越し費用や新築家具に売却のためのクリーニング費用、〆て2％前後は持ち出しとなります。合計で25％、仮に自己資金10％を用意していたとしても本体価格の15％は完全なる債務超過です。

初めから新築住宅を購入すると債務超過になることを覚悟しているならば、それは自己責任ですから外野がとやかく言うことではありません。中古でも同じ性能なのに新車ばかりを購入される人もいるのは事実です。産業発展の観点から申せば、誠にありがたい消費者です。

ただ新築マイホームは衝動買いできるレベルの商品ではありません。債務返済が終わるまでの間の30年〜35年という未来を縛り付ける、重く切ることのできない鎖です。住宅ローンを支払い続けるためには、住宅ローンが終わるまで5つの条件がなければなりません。

❶勤務先が安定している。
❷リストラされない。
❸債務者である旦那さんが健康であり続ける。
❹家族も健康であり、介護費用を負担しなければならない身内が出ない。
❺離婚しない。

どれか一つ現実になると、一大事です。❶❷❸は収入に直結し、❹は新たな費用の発生ですし、❺は財産分与問題となります。

これが現実です。「新築一秒、住宅ローン一生」。新築マイホームは買った途端に債務超過の中古住宅です。

「いいでしょ、新築はやっぱりいいわぁ〜」

5年経っても、こんなことを口にするお花畑でどうするのですか。夢の中で生き続けられるなら、それでも構いません。しかしトラブルはいつ何時やってくるのか分からないから「トラブル」なのです。

もしも新築住宅を購入するおつもりなら、購入する前に是非やっていただきたいことがあります。具体的に申し上げますと、購入対象物件の築5年ごとの中古住宅市場価格調査です。

ネット情報が充実しているので、不動産業者に依頼するのではなく、皆さんご自身で実行してください。

検索方法はSUUMOやHOME'S、そしてアットホームのサイトで「戸建て」「マンション」の種別と間取り、沿線もしくは地域を選択して検索をかけてください。

おおよその見当がつくはずです。

市場価格は売却希望価格の90％です。控除した10％の内訳は、値引きの5％に売買仲介手数料（3％＋6万円＋消費税）、そして住宅クリーニング費用と引越し費用に転居先家賃3ヶ月分の2％です。築5年ごとの市場価格を確認したなら、仕上げとして住宅ローンの債務残高とつき合わせてください。

いかがです？

それでも新築住宅に人生を捧げるのでしょうか。安定した人生よりも新築住宅をご選択なさるなら、もう何も申しません。ただ新築住宅よりも、家族の根底を揺るがす危険性を排除なさるべきです。

それでは、新築住宅にまつわる5つの相談メールをお読みください。こうしたトラブルは誰の身にも降りかかる災難です。

新築戸建て住宅（住宅ローン滞納危機）

18年前、新築で購入したマイホームの件でご相談します。

頑張ってきました。仕事に真正面から取り組んでまいりました。家族サービスにも手を抜かず、2人の子宝を授かり長女は今年の春、私立の大学に入学しました。華々しい人生ではなかったかもしれませんが、誇らしい生き方だったと思います。

なのに、なぜこんなことに……。乗り越える壁と言うには、あまりにも過酷です。

勤務先はアベノミクスの恩恵にあずかれず、ついに倒産。遅配していた給与は1円も手にできず、退職金が支払われる目途さえ立ちません。46歳の経理担当者に再就職先はありません。こんなことなら、中小企業診断士や税理士に挑戦しておけば良かった。悔やまれることばかりです。会社都合の失職でしたので、すぐに雇用保険料を支給されましたが、あと3ヶ月で切れてなくなります。預金は長女の入学金や学費でほとんどありません。このままだと住宅ローンを滞納するはめになる。焦燥感にかられて駅前の不動産屋に飛び込むと、思いもかけない現実を突きつけられました。

なんと我が家を売却するには1200万円をどこからか持ってこなければならないと言うのです。敷地は40坪、建売当初は坪20万円でしたが、今では周辺価格の坪10万円で価値は400万円。本体価格2000万円だった4LDK延べ床40坪の建物は18年経過しているので、価値はゼロ。結果、相場は400万円。もし建物を気に入ってくれる買い手が現れれば、プラス100万円と査定されました。

一方、残債は1600万円。住宅ローンは毎月9万2735円、総額2003万円支払いましたが、元金返済されたのは1200万円、金利は803万円だとローン支払表で知りました。

目の前が真っ暗です。地道に生きてきた私の何が悪いのでしょうか。何か取るべき手段があればお教えください。

回答

金融機関に事情を話し、一定期間金利だけの支払いにするよう相談なさるべきです。金融機関はなるべく事故物件にはしたくありません。にもかかわらず、突然住宅ローンを滞納すると、物件を差し押さえ競売に付すしかなくなります。もしも奥様にお話されていないなら、正直に現状を話してください。外で収入を稼ぐなどの協力を申し出てくれるかもしれません。長女には奨学金制度を活用し、学業を諦めない環境を作り上げること。そして旦那さんは給付の出る職業訓練校を活用しながら再就職の道を探すこと。ご自身だけでなく家族の協力が必要な緊急事態です。お一人で悩むのではなく、正直に現状を説明してください。

解説

ほんとに多い。
こうした相談メールを目にするたび、金融機関や住宅メーカー、そして不

新築住宅の残存債務と市場価格相関表

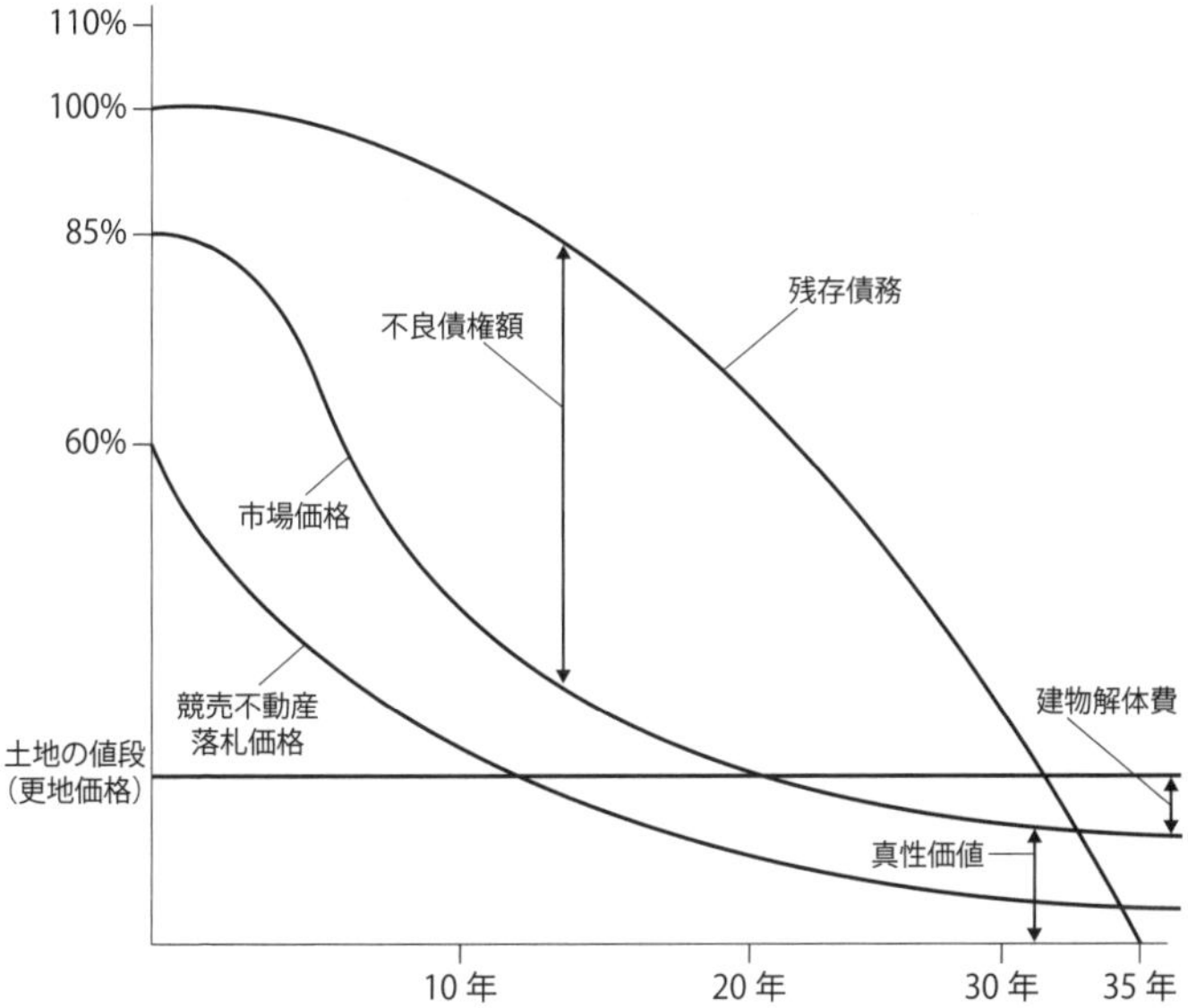

動産仲介業者に憤りを感じます。相談者も吐露なさっていましたが、彼の何が悪かったのでしょうか。18年の間、住宅ローンを支払いながら、なぜ不良債権を抱え込むことになってしまったのでしょう。

それは、日本の常識である建物の価値が法定耐用年数に向けてゼロになるからです。

それでは、「新築住宅の残存債務と市場価格相関表」（59ページ）をごらんください。

マイホームは財産である。

まことしやかに広められた本当のような「嘘」。この嘘にどれだけのサラリーマンが騙され続けるのでしょうか。

一生をかけて購入したのは、本体価格2800万円のマイホームがわずか18年で400万円になる詐欺物件とは……。知っていたなら、巨額の住宅ローンを組むはずはない。ところが実態を知っているはずの金融機関も住宅メーカーも不動産仲介業者も誰1人として口をつぐんだままです。

不動産の真の価値は、更地価格から建物解体費用を差し引いた金額です。建物はいずれゼロになる。そして解体費用を負担しなければならない。こうした事実を知っている新築マイホーム購入者はどれだけいらっしゃるのでしょう。

日本の建物の価値が法定耐用年数に向けてゼロになる原因は、1300年以上続く伊勢神宮の神宮式年遷宮です。神宮式年遷宮とは、20年ごとに内宮と外宮二つの正宮の正殿、そして14の別宮すべての社殿を造り替え、神座を遷《うつ》すしきたりです。

事実、住居用の木造戸建て住宅の法定耐用年数は永く20年でした。躯体の耐震性が向上し、設備もこれ以上ないほど高機能になった現在、住居用の木造戸建て住宅の法定耐用年数は22年と、2年延長されました。ところが価値がゼロになる商習慣は変わりません。

今後は新築から中古のリノベーションが重要視されています。中古住宅への投資を促進させるためには、法定耐用年数経過による建物の価値がゼロになる一般常識を変えていくしかありません。中古住宅の価値が見直されれば、住宅ローン契約者が遭遇する悲劇も減少していくことでしょう。

ただし変化はすぐには訪れません。君子危うきに近寄らず。現状においては、新築住宅を購入するための住宅ローンはリスク以外の何物でもないのです。

都心中古マンションか郊外の新築マンションか

子供が来年幼稚園に入園します。子供のことを考えると、そろそろマイホームを購入しなければなりません。ある本を見ると、小学校でスムーズに溶け込むには幼稚園でのお友だちがどれだけいるかにかかっていると知りました。私の幼少時代を思い返してもその通りです。このままで行けば、来年の10月には消費税が8％から10％に値上がりします。たかが2％とお笑いください。勤め人には2％の値上がりも痛いのです。

そこで妻と本格的に物件を探しております。予算は自己資金が600万円です。将来の金利上昇や住宅ローンの上限を考えると、借り入れは2800万円が上限と考えています。私の一押しは江東区の築15年の中古マンション。価格は東西線「南砂駅」から徒歩14分、2004年新築の3LDKのマンション（専有面積72㎡）で価格は2900万円、総戸数は100戸です。

妻の一押しは彼女の実家のすぐ近く。新京成線「高根公団駅」から徒歩10分、これから販売される4LDKの新築マンション（専有面積82㎡）で価格は3100万円です。総戸数は300戸あり、施設も充実しています。同年代の方が多く、子供の成長にも最適だと言っています。

どちらも予算の範囲内です。先生でしたらどちらをお薦めでしょうか。理由も併せて教え下さるとありがたい限りです。

回答

間違いなく、南砂の築15年のマンションに軍配を上げます。

主な理由は、南砂のマンションは築15年と価格暴落の時期を過ぎているからです。南砂駅周辺の専有面積70㎡、新築3LDKのマンションの相場は4700万円前後。15年で1800万円下落したことになります。今後の値下がりは緩やかに推移していきます。

また中古マンションには指値が効きますから、希望売却価格の2900万円ではなく2500万円を指して2700万円で妥結することも可能。結果、15年で2000万円下落したことになる。それに総戸数100戸のマンションであれば、管理もしっかりしているはずであり、設備も現在のマンションと見劣りしません。

さらに個人の所有する中古不動産に消費税はかかりません。8%が10%になろうとも、消費税はゼロ円です。仮に3000万円の新築マンションの土地部分が1000万円、建物部分が2000万円だったとしましょう。現在の新築マンションの消費税は160万円、10%に値上がりすると200万円です。しかし個人の所有する中古マンションの消費税はゼロ。これだけでも大きな差。なぜ個人の所有する不動産に消費税がかからないのか。それは「消費税は国内事業者が事業目的で商行為をする際の税金」だからです。個人の売却は資産整理ですから事業ではない。それで中古不動産に消費税はかからないのです。業者の煽《あお》りに負けてはなりません。

一方、高根公団駅周辺の15年後のマンション相場はどうでしょう?

築10年、高根公団駅から徒歩4分の場所にある4LDK専有面積86㎡のマンションで2500万円です。中古マンションの価格は希望売却価格ですから、推測妥結金額は2300万円。新築価格が3100万円とすると、10年で800万円下落する可能性が大きいと推測します。さらに徒歩30分、築40年専有面積50㎡の3DKのマンションは350万円で売りに出されています。グレードが違いすぎるのでなんとも言えませんが、捨て値に近い価格と申し上げるしかありません。

マイホームは感情で選びがちですけれど、数値判断は欠かせません。奥様には現状を正直に話し、もう一度旦那さんの選択されたマンションも含めて探し直されてはどうでしょう。

解説

マンションの法定耐用年数は47年、価格下落が顕著な期間は新築後15年です。賢明な購入方法はいったん落ちたマンションに強烈な指値を入れて買い叩くこと。他人の懐を考慮する必要はありません。自らの家族の未来を守るため、心を鬼にして買い叩く。これこそ一家の大黒柱たる旦那さんの心構えです。

一方、奥様が新築マンションに心惹かれる心情は理解しなければなりません。ただただ数値で判断し、独断すると「あなたは何も分かってない。私のことなんてどうでもいいんでしょ」と、逆切れされかねない。

理詰めだけでなく、なぜそうするのか、いやそうしなければならないのかという原点を説明しなければ納得してはいただけません。

そう、マイホームが巨額の不良債権だと勤め先が倒産すれば住宅ローン破産を引き起こし、一家離散の危機に陥るから。そんな悲劇に奥様を巻き込みたくないから、将来の市場価格は無視できない。いつまでも幸せに暮らしたいから、予測できるリスクは可能な限り排除したい。そのお気持ちを恥ずかしがらずに、素直に口に出せばいい。

そして物件探しは白紙に戻し、奥様主導で探すこと。旦那様が見つけてきた物件は奥様にとって「負けた」と思わせる因縁物件なので、ごり押しするべきではありません。

建て替え費用の住宅ローン

私は、鹿島港のある神栖市に住んでいます。最寄り駅はJR鹿島線から南に9キロ離れた大野原一丁目です。ご相談したいのは、築33年のローンのない自宅の建て替えについてです。東日本大震災で津波や液状化の被害は幸いにも受けませんでしたが、壁紙には亀裂が入りました。それに、ドアや襖《ふすま》などが若干閉めづらくなったように思います。悪いことは重なるもので、先月の大雨では一階の和室から雨漏りがするようになってしまいました。

付き合いのある工務店に修理をお願いしたところ、

「地震で地盤が緩んでいるし、木材のかみ合わせが悪くなってるから、直してもまたすぐに悪くなりますよ。この機会に建て直してはいかがですか?」

と薦められました。建て替え費用は取り壊しで100万円、5LDKの本体価格で2200万円に消費税、なんやかやで2550万円かかると言われました。建て替え中の仮住まいは工務店が用意してくれるそうです。

嫁は乗り気です。今の家は古臭いと言っています。ちなみに敷地は300㎡で建物は110㎡の4LDK。子供は2人です。

回答

建て替えなどせず、400万円をかけて大規模修繕を選択なさるべきです。まず、不動産の真の価値を計算してみましょう。

神栖市大野原一丁目の地価は1㎡当たり2万円～2万5000円で、下がり気味です。敷地は周辺では多少広めの300㎡ですから700万円前後です。建物価値は築33年ですからゼロ査定。状態にもよりますが、雨漏りが見受けられることから、建物に価値を見出す人はいないと判断します。

となると対象不動産の真の価値は土地だけですので、解体費用を売主が負担しなければなりません。単純に計算すれば、700万円から100万円を引いた600万円がご自宅の真の価値となります。

建て替え2550万円の内訳は、
本体価格2200万円（①）
建物解体費用100万円（②）

消費税184万円（①と②）
保存登記手数料、抵当権設定費用、生命保険料66万円

仮に自己資金を50万円入れて、2500万円を年利1%・30年返済で借り入れたとしたら、毎月の支払額は8万2018円、年間98万4217円支払うことになり、総額は2952万6508円になります。

これまで借金がなかった生活に30年続く住宅ローンが圧《の》しかかります。とにもかくにも、支払い続けられるかどうか考えなければなりません。新築は1秒で終わります、後に続くのは……。奥様とよくご相談ください。

では雨漏り状態を放置していいのかと言えば、そうではありません。

これを機会に雨漏りどころか、台所にお風呂、そして建て付けの悪いドアなどもすべて直し、暮らしやすいご自宅にすればいい。

改装費用400万円の内訳は、
外壁再塗装で100万円
雨漏り補修で20万円

キッチン改装で40万円
給湯器の交換及びお風呂の改装で50万円
フローリングに2部屋変更で50万円、
全室壁紙交換及び消耗品交換で60万円――――小計320万円
消費税で25万円
残り55万円はその他改装費用として計上　――――総計400万円

大規模修繕費用と言っても、この程度で終わります。

建て替えると、新築ですから2000万円オーバーのお金がかかるのは仕方がありません。結果、諸経費を含めると2550万円になってしまいます。2500万円のローンを組むと総額2952万円で、金利分は452万円です。驚くことに、大規模修繕費用よりも金利分が多いのです。さらに申せば、不動産の真の価値は600万円ですから、たとえ大規模修繕費用を借り入れたとしても、ご自宅が債務超過になることはありません。

新築にこだわらなければ、未来の生活に爆弾を抱えることはありません。奥様に大規模修繕のアイデアを積極的にお願いすれば、ご機嫌も直るのではないでしょうか。

解説

自宅は、採算を度外視しがちですが、いただけません。住宅ローンという人生最大の債務を背負うのですから、利回りという採算面も重視する必要があります。

周辺の戸建て住宅の賃貸相場は新築4LDKで9万円、中古4LDKで7万5000円前後です。中古か中古でないかの境目は5年～10年。世間一般常識において、「新築ですからぁ～」が通用するのは5年、最大限考慮しても10年であることが分かります。

建て替え直後に貸し出すことはないでしょうから、10年後に貸し出したとしたら、月々の期待家賃は7万5000円。住宅ローンは8万2018円ですから、7018円の持ち出しになります。採算はまったく合っていません。土地の価値を含めない総投資額2550万円に対し、年間家賃総額は90万円ですから、単純利回りは3・5%。箸にも棒にも引っかからない利回りでしかありません。

一般の方の多くは、住宅ローンを既存の家賃としか比較しません。

しかし住宅ローンは巨額の借金であり、たとえ金利が1%であったとしても金利がかかってくることを忘れてはならないのです。そして人生を通じて安定した生活にするには5年、10年、20年、どの時点であっても自宅が債務超過にならないこと。最悪、自宅を売却すれば、住宅ローンを解消できる状態を維持することなのです。

相続対策のために駅前に新築アパートを建てる

神奈川県秦野に住む古希を迎えた父から、アパートを建てるので承知しておいてくれと連絡がありました。なんでも税法が改正されて相続税がかかるようになったので、相続税対策のためだと言うのです。

父は5年前まで家具店を経営していたのですが、建物はそのままで駐車スペースを月極駐車場にしています。場所は秦野駅近くの本町一丁目の1000㎡、現在月額1万円で30台と契約しています。

建設予定のアパートは木造2階建の1DK30戸（専有面積30㎡）で駐車場付です。建物解体費1000万円、建設費用1億8000万円、消費税1520万円、その他諸経費などで680万円の合計2億1200万円です。200万円は自己資金でまかない、2億1000万円を借り入れると言っています。

大丈夫でしょうか。

それに返済期間が30年なので、「もしかしたらお前にもお願いすることがあるかもしれない。いずれお前が引き継ぐのだから頼んだぞ」と、わけの分からないことを言い出す始末です。

「借り入れ金利は3％で30年返済、返済金額は家賃の半分以下だから心配ないし、30年一括借り上げも選択できるから問題ない」と一方的に話すばかりです。

今週の日曜日に帰省して詳しい話を聞くつもりです。このままだと、強引に納得させられることになりそうです。どうかお知恵をお貸しください。

回答

新築アパートの建設を中止し、既存の家具展示場をデイケアセンターに貸し出せないかどうかを思案するべきです。もしできないのであれば土地を一筆に合筆し、その一角に2DKの賃貸住宅を息子さんの名義で建設し、お父様と土地賃借契約を締結すれば、相続税対策は終了します。土地の市場価格を上回る借り入れをすると、確かに相続税納付は回避できますが、巨額の借金の返済という新たなリスクを30年にわたり抱え込むことになります。

現状、いくらの相続税を納付しなければならないのか。業者の話を鵜呑みにするのではなく、費用を支払い税理士に計算していただき、節税の手段を私が提示したアイデアも含め検討することをお薦めいたします。

アパート業者は請負額を膨らませることに血道をあげているので、彼らの提案を頭から信用してはなりません。また30年一括借り上げは、事業委託契約ではなく通常の建物賃貸借契約です。通常の建物賃貸借契約は世間相場に合わなくなれば、家賃の値下げを申し入れることが可能ですから、築年数が古くなれば当然家賃引き下げ交渉が始まります。契約書にどんなことを書き入れていたとしても、無効にできるので鼻紙と同様の価値しかありません。家賃引き下げ交渉が上手くいかなければ、彼らは契約を解除するだけのこと。店子さんがいきなり退去するのと同じです。

解説

元家具店の不動産価値を推測してみましょう。

本町周辺の土地価格は1㎡当たり15万円。敷地は1000㎡ですから単純計算で1億5000万円。元家具店の解体費用として約1000万円。残りは1億4000万円です。

一方、総投資額は2億1200万円、年間家賃総額は2160万円。単純利回りは10・19%。ただ、土地の価値1億4000万円を算入すると、6・14%です。

新築後5年から10年の間は大過なく過ぎることでしょう。相続税も支払う必要はないかもしれません。しかし借り入れのリスクは残ったままです。2億1000万円を金利3%、30年返済で借りると月額返済額は88万5370円。10年後の残債は1億6205万4550円、元金は10年で約22・83%である4794万5450円しか返済していません。

土地の真の価値である1億4000万円を超えた借財です。10年後には新築当時と同じ家賃は稼げません。空室率も上昇している可能性もある。何のために新築アパートを建設したのか、分からなくなる恐れがあるのです。

相続税回避のために安易に借り入れをしてはなりません。現状で、どれくらい相続税を支払わなければならないのか、はっきりと確かめた上で節税の対策を練るのです。

最も効果の高い相続税対策は借地契約をお父様と締結することです。土地の価値は建物と土地の名義が同じ状態が一番高い。そこで、土地賃貸借契約を締結して評価を毀損すれば良いのです。

新築ワンルームを買い増すべきか否か

新築ワンルーム投資の件でご相談させてください。

これまでに東京の西新宿5丁目と東新宿にワンルームを購入しました。

物件価格は専有面積21㎡の西新宿が2600万円、新宿駅から徒歩2分の専有面積25㎡、大久保一丁目の物件が3100万円。それぞれ頭金1割と諸経費は自己資金で用意しましたので、借り入れは5130万円、金利2・1％、35年返済です。

家賃で返済と管理費・修繕積立金と管理会社に支払う費用はまかなえていますが、固定資産税と都市計画税の15万円は持ち出しです。

ただ税金の還付がありますので、トータルすると年間30万円のプラスになっています。

実家住まいですし、もう少し増やしていこうと思うのですが、これ以上の借り入れは不安です。

先日、不動産の営業さんから「いい物件が出ました。もう一戸いかがですか？　パンフレットを郵送しましたので、よろしくお願いします」と学校に電話がありました。

現在の受け取り家賃は21万5０００円です。あと一つ所有すると年金以上になるので、返済後の65歳の時には年金がダブルの収入になります。

甘いのでしょうか？　よろしくお願い申し上げます。

長野在住教師（30歳）

回答

甘い。角砂糖にシロップと蜂蜜をかけたように甘い。

ワンルーム投資をあおる蟻の群れが群がってくるのも当然のことです。

ワンルームデベロッパーのターゲットは地方在住の公務員や教師です。

情報弱者を狙う彼らにとって、居住費用のかからない実家住まいで属性のいい公務員や教師は垂涎《すいぜん》の的。理由は巨額の借金を背負わせやすいからです。

すでに5130万円を借り入れされている。

どう転んでも、属性から来る借り入れの上限は迫っています。あと一戸購入すると、一生、借金不可能になります。

ここで立ちどまってください。

「もう無理」と断る勇気を持つことです。

所有されているワンルームの時価は西新宿の2600万円は1900万円、大久保一丁目の3100万円は2300万円、合計で4200万円前後です。新築後2年以内であれば、この程度。ただ時価は下がり続けます。築15年もすると半値程度になると推測します。

よくよく考えてみてください。

価格が下落し続ける物件を返済し続けて何が楽しいのでしょう。

損切りするべきです。

それができないなら自己資金を溜めて家賃を稼ぐ物件を所有し、本格的に赤字となる10年後や15年後に備えるべきです。

時間は余り残されていません。

5年を過ぎれば家賃は低下し、大規模修繕費用や再リフォーム費用を給与から捻出しなければなりません。

総投資額は5700万円＋諸経費でしょうから、約6000万円。家賃は21万5000円ですけれど、管理費・修繕積立金に管理会社の費用に税金で1戸2万円として、月額受取家賃は17万5000円（計算式：21万5000円−2万円×2戸）、年間受取家賃総額は210万円です。結果、単純利回りはわずか3・5％しかありません。

こんな物件に投資をしてしまったのです。手仕舞いにお金がかかるのは当然と捉えるべきです。

解説

新築ワンルーム投資は、不動産のオレオレ詐欺と同様の顧客に損を押し付けるビジネスです。振り込め詐欺と違う点は実物取引だから。

彼らは家賃から管理費や税金を差し引いた年間余剰家賃を分子とした利回りが3・5％〜4・0％の物件を35年という長期ローンを組んで販売しています。

一見すると、返済金は家賃でまかなえる。フルローンで購入しても、管理費や修繕積立金に管理会社への管理費と税金を給料から補填すればいいように思う。月額2万円の赤字は生命保険と一緒だと説得されると、

「そうかも……。うん、そうだ」と納得してしまう。

ワンルームの販売会社は、世間に認めてもらおうなんて思っていません。電話の先にい

る見込み客を説得するだけと思っています。

ターゲットにした地方在住の公務員や先生は東京にどこか憧れを持っていて、なおかつ中途半端な知識があるため、彼らの営業トークにやられてしまうのです。

曰く、「年金はもう駄目です。人は東京に吸い寄せられて、地方の貸家は空き家ばかりになります。自衛しなくてはなりません。私たちは皆様の老後を真剣に考えています。多少のロスは出ますが、生命保険だって掛け金がかかります。

ワンルームは生命保険のように紙切れではなく、実物資産です。管理を弊社にお任せ下されば、空き室にすることなんてありません。

返済後は丸々家賃を受け取れます。不足が確実な年金、不安のある老後の生活を確かなものにするかどうか、あなたのご決断にかかっています。

ワンルームは立地と設備です。その点、お薦めさせていただく物件は、誰もが知っている場所で賃貸需要の非常に高い物件です。

場合によっては自己資金ゼロでも結構ですけれど、1割の自己資金を入れていただけると、収支は赤字になりません。

フルローンと1割の自己資金、どちらになさいますか？」

黙って聞いていると、もう購入を前提に話している。「いや、買うと決めたわけじゃなくて」と、どっちつかずの返答をしていると、「老後の生活は安心できますか？」と痛くもない腹にぐいぐいと指をねじ込んでくる。

無視をしてください。

何度も電話がかかってくるなら、「人に話をするときは、自己紹介からするものでしょ。苗字と名前は？　それから、もう二度と電話をしてこないでください。仕事に支障が出ます。何度も電話がかかるなら、消費者センターにあなたの名前とともに苦情を出します。絶対に電話をしてこないでください」

鉄則です。

彼らを侮《あなど》らないでください。黙ったまま聞いていると、妙に納得してしまう危険性があるのです。

彼らは説得のプロです。近づいてはなりません。

病み上がりの地方中古賃貸マンション

栃木県足利市、ＪＲ両毛線から徒歩14分の場所にある築28年のＲＣ造6階建ての賃貸マンションを想像してみてください。

総戸数は28戸、間取りは専有面積15坪の２ＤＫです。一戸当たりの家賃は４万５００円で、年間満室家賃は１３６０万８０００円です。

敷地は４００坪で、階段などの共用部を入れた建物延べ床面積の合計は５００坪！　周辺にない大規模な賃貸マンション、めったに出ない物件です。

「で、いくらなの？」

なんと1億８００万円。利回りは破格の12・６％!!

買いますか？　それとも見送られますか？　ちなみに属性が良ければ、本体価格どころか諸経費の１０００万円もフルで借り入れ可能。

借り入れ条件は３・５％の30年返済、総額１億１８００万円の月額返済額は52万９８６７円、年間６３５万８４０４円です。

「ほんと？　買う買う。すぐに紹介して。だって、７００万円以上手残りでしょ。お宝だよ、お宝」

もしもこんな反応をしてしまうとしたら、不動産投資を考え直したほうがいい。

なぜなら不動産投資を狩猟か何かと勘違いしているからです。

確かに出ては現れる投資用不動産は野生の鹿や猪に似ています。狙いすまし「買い付け」

の銃弾を発射しても、あと一歩の差で仕留められません。

あわてて、あせって、むやみやたらと「買い付け」を四方八方に撃ちまくる人のなんと多いことか。

不動産投資は購入してからが、本当の勝負！　所有した後のリスクを忘れては元も子もないのです。

心穏やかに対象不動産のリスクと向き合う必要があります。

では、本物件のリスクとは何でしょう。

まず、栃木県足利市の人口推移を調査してみましょう。

調査方法は「足利市　人口推移」とパソコンで検索するだけですので、手間を惜しんではなりません。

「人口・面積・人口密度　足利市の人口推移1920年～2013年」という項目をクリックすると、同市の人口推移表が出てきます。

最も人口が多かったのは1990年（平成2年）の16万8217人、一方2014年7月1日現在の人口は15万5199人口24年間で1万7698人減少しています。

日本の総人口が減少し始めた4年前よりも20年も早く、人口が減り始めていることが分かります。今後も漸減が予想されており、賃貸需要が高い場所とは申せません。

次に土地価格の調査です。

「足利市　路線価」で検索し、周辺の土地価格を調査してみましょう。

国税庁が主催する財産評価基準書、「路線価図・評価倍率表」サイトで対象不動産の町名を調査するのです。

市場価格を１００とすると、路線価は約70です。

調査図で24Ｋと表示が出ていました。Ｋは１０００の単位ですから、対象不動産の路線価は１㎡当たり２万４０００円であることが分かります。

市場価格は２万４０００円を０・７で割った数値ですから、３万４２８５円となります。

敷地４００坪。１坪は３・３０５７８５㎡ですから、１３２２・３㎡。敷地面積に推測市場価格をかけると４５３３万５０５５円、約４５００万円であることが分かります。

本体総額は１億８０００万円ですから、建物価格は本体総額１億８０００万円から土地価格４５００万円を差し引いた６３００万円です。ここまでの調査を整理してみましょう。

・対象物件のある足利市は、平成２年に16万８２１７人となったものの、現在は15万５１９人と減少し、現在も漸減傾向が続いており、賃貸需要は高くない。
・推測市場価格は１㎡当たり３万４２８５円、４００坪の土地値は４５００万円、延

べ床500坪の建物は6300万円としている。

次に単年度経費の面から考察してみます。
予測される経費は左記の通り。ただし年間満室家賃は1360万円とします。

❶年税（固定資産税＋都市計画税）	120万円
❷エレベーターメンテナンス費	50万円
❸共用部電気使用料＋蛍光灯交換費用	60万円
❹管理費（不動産業者へ家賃の5％）	68万円
❺空室想定費（家賃の5％）	68万円
❻再リフォーム費用（家賃の8％）	109万円
単年度経費総計	**475万円**

単年度経費は想像以上にかかります。
❶の年税は、建物の残存価格がかなり残っているから。RC造の法定耐用年数は47年、現在28年ですから残存年数は19年です。

フルローンで借りられるのも建物の価格が残っているからです。税金は逃れることのできない経費、いの一番に計上しなければなりません。

❷と❸、エレベーターは6階建ての建物には必須の設備です。安全点検を怠ると、大家さんの責任を問われかねません。削減できない経費、機種によっては年間30万円の上昇も覚悟しなければなりません。

共用部の電気使用料はエレベーターの稼動電気と廊下の電気なども含めます。

❹の管理費は共用部の清掃や蛍光灯の交換工費も含めたものです。

❺の空室想定費は、現在の入居率70％が満室になり、退室から入居募集までの時間を考慮すると最低限の数値です。

再リフォーム費用の積み立ては永続して入居をさせるためには必要なお金、計上しないわけにはまいりません。

さて、どうなるでしょう。

年間返済金額は635万円に経費の475万円を足すと、1110万円。年間満室家賃は1360万円ですから手残りは250万円！

でも、待ってください。

現在の入居率は70％ですから952万円。現状のまま推移すると、158万円の赤字となります。

「でもさ、大規模修繕費用を自己資金で出してさ、満室になれば年間250万円の黒字になるわけでしょ。やっぱ、捨てがたいなぁ〜、だって、賃貸マンションですよ。億ションって言ってもさ、一戸だけだし」

経費は単年度だけでは納まりません。

実は地方の中古賃貸マンションは、成人病を抱えた重病人なのです。

対象物件は築28年です。

外壁塗装は新築当時のままであり、エレベーターもそのまま。そして屋上の防水機能も落ちていて、すぐに対処しなければなりません。

今後10年以内に大規模修繕すべき三大箇所は左記の通り。

❶エレベーター交換費用	1300万円
❷外壁塗装費用	1700万円
❸陸屋根防水費用	300万円
大規模修繕費用総計	**3300万円**

お分かりですか？

10年後に直すとして、1年に330万円を積み立てる必要があります。

シンドラーのエレベーター事故を契機にエレベーターの安全基準が見直され、二重ブレーキ機能を追加するよう指導が始まりました。現在は罰則のない「行政指導」の段階ですけれど、そのうち「命令」となり、強制されることになるでしょう。

逃れることはできません。このまま放置すると、使用不可となるかもしれないのです。

外壁塗装や陸屋根防水も同様、放置すると入居者は皆無の幽霊マンションになります。

では、収支を見てみましょう。

経費は単年度経費が475万円、大規模修繕の積み立て費用が330万円の年間805万円です。返済金額は年間635万円。返済金額を含めた出費は1440万円。満室になって1360万円が入金されても、年間80万円の赤字です。

耐えられるでしょうか？

その上、足利市の人口流失が止まらなければ家賃はさらに下がり、入居率は低下することになる。

赤字は積み増し、本業からの給与に食い込み続ける。

汗水流し、唇をかみ締めて努力しながら、赤字が続く生活を30年間耐えられるでしょうか？


地方の賃貸マンションは持病を抱えた重病人です。

カラ元気に騙されてはなりません。

もし引き取る気ならば、半値八掛けの鬼指しをいれ、大規模修繕を徹底し、自己資金を大量に投入し、黒字体質にしなければなりません。

特選物件に隠れた地雷原（兼業大家さんには我の強さが必要）

人は暗示に弱い生き物です。

その原因は言葉を理解し社会性が高く、組織との一体性を重んじるからです。

劇場型詐欺であるオレオレ詐欺や振り込め詐欺被害が雑誌や新聞、そしてテレビで繰り返しその危険性を報道しているにもかかわらずなくならないことを見て、暗示の効果に驚かされます。ことに日本人は暗示に弱い。劇場型詐欺が多いことを見ても明らかです。不動産投資においての「特選物件」は劇場型詐欺と同様の危険性があります。特選物件の特選物件たる所以《ゆえん》は、情報の秘匿性。自分だけが知っている。今手を挙げれば、この物件を誰よりも早く手にできる。売り手はあの手この手で対象者の心をあおり、せかし、判断能力を失わせ、署名捺印を迫ります。

それでは、特選物件と呼ばれる不動産投資詐欺の実態をご紹介しましょう。

セミナー後の物件紹介

一時の勢いは衰えたものの、不動産投資本は百花繚乱花盛りです。手を変え品を変え書き手は次々と現れ、出版会社は息つく暇もありません。著者の多くは自分が歩んだ成功の軌跡を読者に紹介する善意の人々です。しかしながら玉石混交は世の常。味噌も糞も一緒。投資用不動産の仲介セミナーを目的として本を執筆する業者も存在します。

当初は、購入者にとって利益をもたらす物件の紹介を目的としたのかもしれません。ただ組織が大きくなると、従業員や事務所の維持費などの固定費は上昇します。一方、価値のある投資用不動産を紹介し続けるのは不可能に近い。結果として、意に沿わない物件も仲介しなければならない事態に陥る。そして自分では購入しないような物件を第三者に紹介して、仲介手数料を稼ぐことに知らず知らず罪悪感を抱かなくなるのです。

セミナーでは自らの成功の軌跡を分かりやすく紹介し、その後に物件のあらましを解説。セミナー終了後に「相談会」を催し、物件の購入者を募る。システマチックな催眠商法です。もし心惹かれることがあっても、一度時間を置くことをお薦めします。自宅に帰り、周辺の不動産物件と見比べ、財務諸表と損益計算の両面から試算しなければ決断してはなりません。

パンフレット送付後の電話営業、不動産投資の私募債

豪華なパンフレット、そして年率5％以上の配当をうたう内容。普通預金の利率と比較すると、心もとない年金に不安を感じる中高年世代には輝いて見えます。

不動産投資が有利だと、どこかで誰かに聞いたことがある。

ただ自分が個人で所有すると、店子からのクレームや入居募集に時間をとられる。そんなことは面倒だし、できるとは思えない。自分の望みは預金として預けているお金の運用だけ。個人年金のように月々もらえればありがたい。

そんな小金持ち夫婦に仕かけられたのが、民主党代表の海江田氏が広告塔的役割を果たした安愚楽牧場事件です。黒毛和牛委託商法は４３００億円の被害を生んでしまいました。

現在、海江田氏は自らの著書で推薦した公的責任を問われ、被害額1割の損害賠償の調停を簡易裁判所で起こされています。

判断能力の劣った中高年、特に老齢世代を狙う詐欺師は雨後の竹の子のように発生し続けているのです。年率5％以上の配当をうたった不動産投資の私募債は詐欺の可能性がきわめて高い。そもそも出資法に違反していると申しても過言ではありません。

不動産の所有権は乙区に登記されていない限り、所有者の一存で何でもできます。老後を支えるお金をどうして、ぽっと出の会社が発行した私募債に投じてしまうのか。

もしも皆さんの両親からそんな話を聞いたなら、詳しく調査。契約を差し止め、加入済みなら解約を強く勧めるべきです。

投資用不動産デート商法

不動産会社の社員と恋仲になり、彼や彼女のお願いで投資用不動産を購入してしまう。結婚詐欺すれすれのビジネスが横行しています。不動産会社のターゲットは恋に不慣れな30前後の男女です。所属する不動産会社の営業マンの男性はイケメンで、女性は美女。ホストかキャバクラと見まごうばかり。実はホストやキャバクラ嬢の副業でもあります。

接客業は慣れたもの。枕営業さえいとわない。ターゲットにされた顧客は不動産そのものより、恋人の苦境を救うために一肌脱ぐ覚悟。利回りや資産価値は二の次です。

結果、契約、引き渡しが終了すると、潮が引くように恋人とは連絡が取れなくなり、そして別れが告げられます。顧客が不動産会社にクレームを言ったとしても、「それはそれ、これはこれ」。契約と恋愛に相関関係はありませんからと一言。恋愛が終わったとしても、投資用不動産を買い戻してくれることはありません。

煩《わずら》わしく迫ると「あなた、ストーカーですか？　警察に告訴しますよ」で終了。毎月赤字になる投資用不動産のローンを払い続けることになるのです。

捨て看板から始まる不動産営業

よく見かける電柱の捨て看板。捨て看板自体、軽犯罪法違反です。不動産の営業マンは逮捕を覚悟で電柱に捨て看板を張り続けているのですが、なぜ多大なリスクのある〝捨て看板営業〟は成立するのでしょう。

実は捨て看板に記載されている物件の多くは架空の物件です。問い合わせると、「事務所でお話をお聞きします」と言われ、出向くと「すみません。もう買い付けが入りました。二番手でよろしければ、おつなぎします」と謝罪を受ける。その後、勤め先や年齢に年収などを詳しく話すことになり、購入目的を聞かれて別の物件を紹介されます。

ありていに申せば、捨て看板は見込み客を集めるためのツールです。その物件そのものよりも、不動産を近未来に購入する人間を市場から回収するための「底引き網」なのです。二番手と告げられたなら、「そうですか。では」と席を立つのが正解です。

ネット広告からの取り込み営業

ネットに掲載されている投資用不動産の中にも地雷が埋められています。ある不動産に興味を持ち、先方のアドレスに連絡すると、「個人情報保護法の観点から、お問い合わせいただいたお客様の名前や住所を確認する必要があります」などと問い合わせシートが添付されてくる。そこに正直に記載すると、営業の嵐に巻き込まれ、事務所にくるように勧められ、挙句の果てにはセミナーへの出席を約束される。気がつくと巨額のローンに判子を押して、投資用マンションを買わされ一巻の終わり。嘘のような本当の話が多発しています。

押しに弱い、頼まれるとイヤと言えない性格ならば、**兼業大家さんになるべきではありません**。我の強さは必須です。

命綱なしの鉄砲階段投資（管理会社妄信の危険性）

一気呵成に投資用不動産を増やし続ける人を時々お見受けしますが、内情は火の車。ビッグスケールの賃貸オーナーのようでいて、増大するリフォーム費用と下がり続ける賃料、そして入居率の低下に頭を抱えています。

なぜ、そうなるのか。

短期間に投資用不動産を増やし続けられるのは、管理会社に管理を丸投げしているからです。彼らは所有物件の管理は管理会社に任せ、本人は新規物件獲得に注力しています。よく言えば、餅は餅屋です。ただ不動産賃貸業の肝を学ばぬまま図体だけでかくなると、一人で立ち上がることもできない体重200キロをはるかに超えた超肥満体と一緒。いつの日かすべてが嫌になり投げ出すか、債務を返済できず銀行管理物件になることでしょう。

不動産賃貸業は物件を取得し、占有解除をなし、必要な修繕を実行し、入居募集をし、そしてクレームを解決し、家賃を受け取る。退去通知を受けると、退去日に立会い、退去清算をし、再リフォームを実行した後に再び入居募集を行う。

兼業大家さんに必要な業務は上記の通りです。

「かったるいね。俺にできるかな。えっ、やってくれる会社があるの？　紹介して」

多くの人がこんな考えで管理会社に不動産賃貸業を任せてしまいます。自らは物件を取得するだけ。物件取得から先は全部、管理会社にやってもらおうというスタイルです。

実がありません。すべてがふわふわしています。

管理会社は言ってしまえば、赤の他人です。なぜ皆さんの命綱を赤の他人に任せることができるのか、私には理解できません。家賃は誰が管理しているのでしょう。遠方の物件の場合、本当に空室なのでしょうか。もしかすると入居していながら、空室と嘘をついている可能性はないのでしょうか。

「疑えばきりがないでしょ。やっぱ人は信頼するから応えてくれるもんでしょ」

もし同様のお考えならば、兼業大家さんはお勧めできません。お人善しは、いつの日か食い殺されるものと相場が決まっています。確かに信用できる言動でスタイリッシュな事務所、そしてネットで調査してもクレームは皆無かもしれません。それでも10年後も同じ経営であると誰が保証してくれるのでしょう。支払い家賃にしても、通常は当月末〆、翌月末払いです。つまり管理会社は入金した家賃を少なくとも1ヶ月分は現預金として利用できるのです。そして何やかやと理由をつけて、支払日を翌々月10日払いとか翌々月15日払いにするようだと要注意。おそらく預かり金である家賃に手をつけ、自転車操業に陥っている可能性が高い。

ずっと管理会社ありきの大家さんをしていると、自ら入居募集をしたこともなければ、契約書に署名捺印もしたこともない。クレームを受ける気力もなければ、解決する能力もないとなると、彼らの言い分を呑むしかない。そんなことで果たしてオーナーと言えるでしょうか。本来、投資用不動産のルールを決定する全知全能の神なのに、管理会社の意向を聞かないと何も決定できないとしたら、いったい何者でしょう。表面上、所有者と名乗っているに過ぎません。

管理会社は面倒を嫌がる大家さんの代行業者です。そして代行業者の地位を最大限に利用して利益を貪っています。管理会社はオーナーから家賃の8%~10%の管理手数料を要求しますが、それだけではありません。修繕業者からは工事費用の20%~30%を紹介料としてふんだくります。しかも築年数が経過すると、肝心要の家賃の減額を提案しながら、大規模修繕を要求します。彼らの要求が認められなければ、それで終了。再契約に応じることはありません。そして既存の大家さんからみれば、ライバルとなる新規アパートの建築にきわめて積極的です。彼らの関心は1年か2年先。不動産所有者が支払い続けるアパートローンのことなど考えていないのです。

元気一杯の管理会社は管理しやすい物件には積極的に手をあげ、管理が難しくなると家賃の引き下げと大規模修繕を要求し、工事が始まれば工事費用の20%~30%をピンはねしていきます。果たして本当のパートナーと呼べるのでしょうか。

「どうすりゃいいの?」

まずは自己資金の範囲内で最初の物件を購入すること。そしてリフォームや入居募集、それからクレームも自ら解決する。面倒な業務を経験して、不動産賃貸業が己の性格にあっているのかどうか確認することから始めてください。

人は誰もが初心者です。経験していないことを判断するなんてできません。だからこそ一連の流れを体験することが重要なのです。入居募集もオーナー単独で実行するべきと言っているわけではありません。周辺の不動産賃貸仲介業者に出向き、物件を案内してお願いしてみてください。家賃相場や設備更新も相談すればいいのです。ただ鵜呑みはしない。他の業者にも同様にリサーチして、オーナー自ら決断するのです。

その後は自己資金を増やして2軒目も借り入れなく増やしても結構です。借り入れをしてアパートに挑戦することもいいでしょう。1軒目の経験を踏まえて、2軒目の業務はかなり分かるはず。右も左も皆目見当がつかなかった最初とは違います。遠回りに感じるかもしれません。しかしながらスキルは確実にアップしているはずです。そして物件を増やしたなら、少し立ち止ること。空室率が高いなら、入居率が90％を超えるまで次の物件を探さないという内部規律をつくり、それに従うのです。

どうすれば、内見数が増えるのか。契約に至らない原因は何か。徹底的に考え抜くことが必要です。仮説をたて実行し、効果を計り再び修正する。悩むこともあるでしょう。物件が増えれば、家賃保証会社を入れていても滞納に悩むこともあるでしょう。しかしそれこそがオーナーになったからこその悩みであり、**スキルアップのチャンス**なのです。

アパートの入居率が上がり、キャッシュフローが増えたら、再び自己資金で物件を買い増す。戸建て1軒、1LDK1室かもしれませんが、返済の必要のない貸家ですから、維持費を控除した後の家賃は丸々再投資できます。入居率をあげ、自己資金で貸家を買い増す期間は、階段で言えば「踊り場」です。収益率は一気に上がり、経営は安定します。

一方、借金を重ね物件を増やし続け、管理は管理会社に丸投げすると、鉄砲階段と一緒です。急な金利の上昇や管理会社の経営難、そして空室率の一時的な上昇などに遭遇すると、一気に下まで落ちてしまう。手すりも何もない鉄砲階段で踏みとどまることはできません。

安定した経営を目指すなら、貸家増加だけに注力するのではなく、収益率とスキルアップを実現する「踊り場」を設けることです。

第四章

物件取得六箇条

その一、投資用不動産の入手方法

不動産の所有権を得るには大別して相続、生前相続、そして譲渡の3つ。相続と生前相続は基本的に金銭をともないません。投資用不動産獲得の本流は譲渡です。ただで見も知らぬ赤の他人に大切な不動産を譲り渡す奇特な人はいませんから、金銭を支払う必要があります。

問題は、市場価値の何割引で購入するかです。

「市場価値の何割引……って、どういうこと？」

兼業大家さんの最初の剣が峰は、物件取得です。

仮に時価1億円の物件を5000万円で購入できたなら、貸して良し、売って良しの優良物件となります。一方、1億円の物件を2億円で購入すると、どうしようもありません。そして時価1億円の物件を1億円で購入すると、本体価格の約10％の諸経費（仲介手数料＋登録免許税＋取得費＋抵当権設定費用＋火災保険など）は泡と消え、購入時点で債務超過となります。

つまり、

❶市場価値よりも安く購入するルート
❷購入対象不動産の良し悪しを見極め、市場価値を推測するスキル

優良な投資用不動産を購入するには、この2点を獲得しなければなりません。

不動産は定価のあるナショナル商品ではありません。同じマンション、同じ間取りだとしても階数や陽当たり、導入設備、内部の劣化具合などで値段は異なります。

物件の良し悪しだけでなく、所有者の懐具合や金融機関との関係性によっても値段は変化します。ネットや不動産会社で普通に紹介される物件は、何の問題もない市場価格と同様の値段だとお考えください。業者の口車に乗せられて判子をつくと、市場価格以上の値段で購入することもあるのです。

どこで購入するかがとても大切です。購入価格が高いか安いかで申

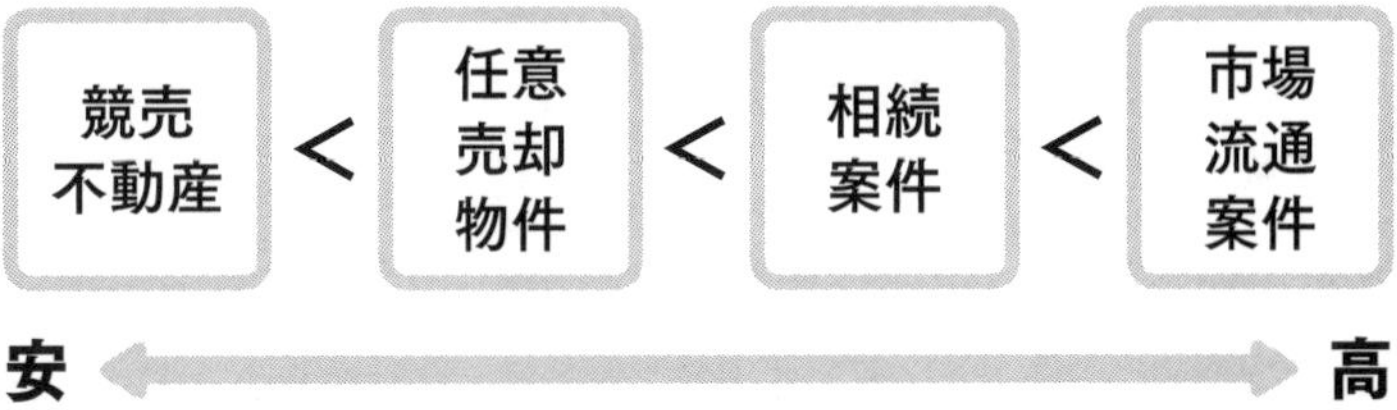

せば、99ページ下の表の通りです。

〈競売不動産　市場価格の40%～70%〉

競売不動産とは金融機関や債権者に債務者が所有する不動産を差し押さえられ、裁判所により競売に付された不動産です。参加資格制限は一切なく、売却基準価額の2割を保証金として、指定された口座に入金すれば誰でも参加できます。

物件明細書を読み込み、周囲の不動産と比較して入札金額を決定して期間入札に参加します。落札し開札から約1ヶ月半以内に残金を払い込めば、所有権は買受人に移動します。内部に居すわる不法占有者は、「引渡し命令」により強制退去が可能。もめることが予想される場合は、管轄の警察署の生活安全課や生活防犯課に相談すれば、強制執行妨害罪で対処してくれます。一昔前、警察は「民事不介入」が前提でしたが、ストーカー規制法などにより犯罪予防に舵が大きく切られていますので、ご安心ください。

競売不動産の調査方法は、全国の競売物件を探せるサイト「981.jp」を検索するといいでしょう。入札可能な物件は3000件～6000件。日々200件前後が新規に掲載されています。

〈任意売却物件　70％〜80％〉

競売の期間入札にかかる寸前の不動産です。競売不動産を手がけている不動産会社は裁判所の「配当要求」という期間入札にかけられる半年前の公告書を確認します。そして記載された債務者から専任媒介契約を取り付け、金融機関と売り出し価格を打ち合わせ販売します。債務者自身が売主であり、売却に同意しているので不法占有などの揉《も》めごとは起きません。競売不動産と違い、内部を確認できます。ただし競売物件よりも割高です。

また地元の金融機関と関係の深い不動産会社は、債務超過の不動産を金融機関の依頼により再販売業者や個人の投資家に話をふることがあります。

これも任意売却物件、業歴の長い町の不動産屋がよく手がけています。

〈相続案件　60％〜90％〉

相続発生から10ヶ月以内に法定相続人全員の署名捺印による遺産分割協議書を作成しなければ、基礎控除などを活用できません。遺産の分割は誰にとっても一大事であり、不平や不満は噴出するものです。結果として不動産を売ると決めたときには、すでに半年が経過しているのはよくあること。内部の清掃もしておらず、売り急いでいるため、強引な指値が効きやすい案件です。

〈市場流通案件　～100%〉

通常は市場価格です。ただネット広告で2ヶ月以上棚ざらしになっている物件については、強烈な指値が効くことがあります。売主の足元を見透かし、仲介業者に嫌われることを覚悟で「**買主の希望買い入れ価格**」を提示する。希望売却価格はあくまでも売主の希望ですから、違法ではありません。面の皮を厚くするトレーニングです。

〈その他、底地の購入〉

借地権付戸建てに住まわれている人、もしくは借地権付の戸建てを競売などで購入された人限定ですけれど、効果的な購入方法があります。それはマイ相場の通知です。3ヶ月ごと、季節の挨拶とともに、期限をつけて底地の購入金額を通知するのです。地主からしてみれば、自分の土地値が変化することに心がざわめきます。そしてお金が必要になった際、借地権者の顔を思い出すわけです。相場より安い価格を通知しているので、買い取り価格は低く抑えられます。3ヶ月に一度、ハガキを出すだけですから、試してみる価値は充分あります。

その二、立地

不動産は、動かぬ資産と書いて「不動産」です。

貸家も、当然のことながら不動産の一つ。知らぬ間に足が生え、気がついたらどこかに消えたということはなく、買ったら最後、売却するまでメリットもデメリットもともに享受するしかありません。不動産を購入する際、何をおいても立地を重視する根拠です。

不動産は土地と建物で構成されていますが、市区町村などの社会保障を含めた地域性も考慮しなければなりません。人が流出し続け、行政として成り立たなくなれば、「貸家」どころの話ではありません。市区町村の存立に関わる一大事ですから、そんな場所に投資しても仕方がないのです。

まずは「市区町村　人口推移」を検索し、過去30年程度の人口推移を確認してください。日本の総人口が減少し始めたのは4年前からです。4年以上前から人口減少が現れているならば、都市としての機能に重大な問題点がある可能性が高い。投資対象として再考するべきです。

次に1㎢当たり（縦横1㎞四方）1000人以下かどうかを確認したいところ。500人以下の地域に貸家の需要はありません。1000人前後だと黄色信号。2000人を超えると賃貸需要は高く、5000人を超えると入れ食い状態だとお考えください。ちなみに東京都新宿区の人口密度は1㎢当たり1万8462人、総人口は33万6559人。一方、財政再建団体である北海道夕張市の人口密度は1㎢当たり12・7人、総人口は9678人。賃貸需要は数値から明らかです。

貸家としての立地の良さは、将来にわたる賃貸需要です。物件を検討する際、周辺の共同住宅の入居率をガスや電気メータそして郵便ポストの利用状況にカーテンや洗濯物の有無などで調査してください。入居率が90％以上であれば問題なし。80％を下回るようだと要チェック。70％以下は考え直すべきです。地方物件は川一本、道路一つ挟んだだけで賃貸需要が大きく変化することもありますので、ご注意ください。

入居率が60％を切った地域で、いくら設備に投資しても穴の開いたバケツに水を入れ続けるのと一緒。労多くして実りが少ないと申し上げても過言ではありません。

ただし戸建ての需要はそうした地域においても賃貸ニーズは高い。なぜなら戸建て住宅は賃貸目的で建設されたものは皆無と申し上げてもいいからです。一生に一度と巨額の住宅ローンを組んで新築された住宅ですから、アパートなどの共同住宅と設備は段違いです。

また庭があり犬や猫を飼うことができますし、ピアノを弾くことに隣近所の許可なんていりません。アパートならば、「ハイツ有明203号室」など賃貸住宅の住居表示になります。けれども住所は一戸建てですから、借家でも持ち家感充分です。

戸建てを購入する際、周辺300mの範囲内にアパート等の共同住宅があるなら、賃貸需要は存在します。2DKのアパートの家賃相場に1万5000円乗せた金額であれば、引越してくることでしょう。

仮に賃貸需要に問題がないとしても、安心してはなりません。災害大国日本に住む限り、投資地域を確定するためには、ハザードマップで確認する必要があります。

ハザードマップとは自然災害を事前に予測し、被害の範囲を一目で分かるように地図化した二次元データ。1990年代から防災に役立つ目的として作成され、今ではさまざまな自然災害を予測したハザードマップが作成されています。

主なハザードマップは、

❶河川浸水洪水：河川の氾濫を予測した「洪水ハザードマップ」と呼ばれています。管轄の地方自治体は「浸水想定区域図」を作成し避難場所とともに記載しています。
❷平成13年に改正された水防法に基づき、堤防決壊を想定した浸水想定区域、浸水想

定区域図が用意されています。
❸土石流の発生危険区域、がけ崩れの危険区域の明示
❹土砂災害警戒区域図
❺地震災害　液状化現象　大規模火災発生区域
❻火山災害予測図　火山火口の発生危険区域　溶岩流、火砕流、火砕サージの到達区域　火山灰の降下する区域　泥流の災害区域
❼津波浸水・高潮　津波の予測高さと浸水区域

いかがです？「外に出れば七人の敵」と昔から申しますが、国の想定した災害の種類も7つあるのは偶然でしょうか。とにもかくにも、自然災害の多発するわが国においては避けて通れないハードルです。

自然災害ではありませんが、立地の強度は関心を払うべき重要調査項目です。私は10年前まで物件を購入する際は必ず、「**防災マップはありませんか。チェックしたいので**」と市区町村の建設課や防災安全課に顔を出していました。

傍目から見ると、どこにでもある街並みに見えても、その昔、田んぼやため池、それに谷を埋め立てて造成された地域だとしたら、不等沈下により建物が傾いてしまう可能性が

あります。町名などに「谷」「川」「沼」「湖」「池」「溜」「水」「滝」など水に関係する漢字が含まれている地域は、特に慎重に調査をしました。

それから背後に小山や崖のある物件は地震や大雨で崩れてしまう可能性があるので、どんなに賃貸需要が高いとしても購入対象から外しています。どんなに建物を頑丈にしていても、土砂の重みに耐えるほど強度を高めることはできません。

ご承知のように、ネットの発達は情報収集の時間を驚異的に短縮しています。

今では、「○○○市　ハザードマップ」もしくは「○○○市　防災マップ」と打ち込んで検索すると、市区町村の防災安全課のホームページが上位に掲載されます。地域によって津波や洪水、大規模火災に液状化被害、それに雪害などさまざまな特徴はあります。市区町村が懸念している自然災害を確認することができるので、必ず目を通していただきたい。

日本のお役人は私たちが思っている以上に優秀です。課題を与えられると、淡々と精緻な資料を作成し続けます。彼らは私たちの税金で暮らしているのですから、納税者の私たちはその成果物を利用すれば良いのです。

海から離れ、河川からも遠い平地に住んでいると、自然災害なんて頭に想い浮かばないかもしれません。ところが遠く離れた河川は天井川だったり、海なんて関係ないと思っていたその場所は海抜ゼロメートルより低いこともある。ほぼ全国の市区町村はそれぞれの場所の海抜や河川の高さも確認し、情報を公開しています。お役人は資料を作成するのは得意なのですが、宣伝は業務とされていないためか、認知度は低いのが実情。少しの努力で情報は得ることができるのですから有効に活用し、背負う必要のないリスクは避けるべきです。

その三、土地

不動産賃貸業で失敗しないためには、市場価値よりも可能な限り安く購入することです。当たり前のようでいて、これがなかなか難しい。「どこで購入するか」については前に申し上げました。築地で競り落とすのか仲卸で〝つけ〟で買うのか、それともスーパーや魚屋さんで現金買いするのか、はたまた銀座の寿司屋で〝握り〟として注文するのか。同じマグロであっても、価格差は100倍違います。

市場価値よりも安く購入するには、対象商品の市場価値を熟知しているかどうかが重要。競りに熱くなり、通常100万円のマグロを500万円で競り落としたとしたら、「相撲に勝って勝負に負ける」と同じこと。損を引っかぶることになります。

市場価値よりも安く購入できるルートを頭に叩き入れたなら、お次は市場価値を正確に見抜く眼力を獲得しなければなりません。

不動産の市場価値は土地値と建物価格の合計です。ところがネットや不動産広告では本体価格だけが記載されています。新築の場合、価格構成が特に重要です。なぜなら土地に消費税はかかりませんが、建物には現状8％、来年の10月には10％の消費税がかかるからです。それから所有者が再販売目的とした不動産業者の場合、中古不動産であっても建物に消費税がかかります。

「へぇ〜、そうなんだ。ところで競売不動産で所有者が不動産業者の場合はどうなの？」

いい質問です。

結論から申し上げますと、競売不動産は所有者が誰であっても消費税はかかりません。なぜなら、競売での売却は所有者が不動産業者であっても事業目的ではなく、「資産整理」だからです。競売不動産に消費税は1円もかからない。頭の片隅にでも刻み込んでいただければと存じます。

さて、どうして不動産の価格表示は本体価格一本なのか。

私の見るところ、不動産の真の価値をお客に説明したくないからではないか。そんな気がしてなりません。不動産は土地と建物の二つ、登記簿謄本も土地と建物が別々に存在します。仮に土地か建物の価格の一つが判明すれば、自ずと片方の価格も計算できます。分析好きな日本国民であれば、土地の値段は周辺相場に比較して高いのか安いのか調べようとする。だったら、本体価格一本にして計算できなくしてやろう。本体価格の交渉ならば、数十万円単位や数万円単位の攻防に持っていくのは簡単だ。なんだか書いていて嫌になりますが、そんな悪巧みが結実した結果ではないかと推測しています。

ともあれ市場価値を判断するには、土地価格を概算することから始めてください。

更地価格計算方法

(一) 通常戸建て物件の場合

パソコンで「市区町村名　路線価」を検索し、国税庁の主催する「財産評価基準書」を開き、対象町名をクリックして1㎡当たりの金額を確認してください。たとえば、「52K」という数値が記載されているなら、周辺の路線価は1㎡当たり5万2000円ということ。路線価は市場価格の7割ですから、更地価格は5万2000円を0・7で割った数値の7万4286円ということになります。敷地面積が200㎡なら、推測更地価格は1485

万7200円。更地価格は1450万円〜1500万円の間だと推測できます。

（二）通常区分所有建物（マンション）の場合

敷地権となったマンションは建物と敷地権が同時に移転されます。区分所有建物の建物と敷地の所有者が異なることを防ぐためです。結果として、敷地権は一団の敷地面積と持分で表されています。一団の敷地面積に持分をかけ合わせ、持分面積を計算してください。更地価格の求め方は「通常戸建て物件」と同様です。

（三）競売不動産の場合

前述の〈981.jp〉を開いてください。事件番号が分かっているなら、事件番号検索で対象不動産の詳細ページを閲覧してください。物件がまだなら、地域や戸建てやマンションなどの種別、そして上限金額等の検索条件を決めて検索し、求める不動産の詳細ページを閲覧してください。更地価格を調査するには詳細ページの上部にある「3点セット」をクリックして物件明細書をダウンロード。そしてずっと下にある「評価書」を読み込むのです。注意すべきは、「第5　評価額算出の過程」の欄です。

当該評価書を作成したのは、管轄裁判所から依頼を受けた不動産鑑定士です。口八丁手八丁の不動産屋ではありません。不動産鑑定士は周辺土地取引価格を調査し、1㎡当たりの標準画地価格を決定しています。正確には対象土地の「個別格差」をかけた数値が、1㎡当たりの土地価格となります。更地価格の計算は、導き出された数値に敷地面積をかければ算出できます。

(周辺坪当たり土地価格からの評価)

坪当たりの価格が5万円以下(1㎡当たり1万5125円以下)の場合、賃貸需要はきわめて低いとお考えください。なぜなら原野を宅地に改造するには境界画定をし、宅地として整地しなければなりません。建物を建設するには、上下水道に電気にガスなどの生活インフラを整えなければ使い物になりません。その費用がおおよそ坪当たり5万円。つまり原野をただでもらっても5万円で売る目処が立たなければ、宅地として売り出すと赤字になる。宅地としての利用価値がない地域ということです。

このハードルを一つの基準とすると、アパートの更地価格で10万円以下は投資効果が薄く、分譲マンションの場合の最低下限価格は坪当たり20万円です。

（担保価値と積算価格）

金融機関は融資の際、土地と建物の積算価格を基準とします。融資枠は土地積算価格と建物積算価格の合計の70％以内です。ただし積算価格算出は、融資の単年度であることを忘れてはなりません。

金融機関は新築一戸建てが債務超過となることを知りながら、なぜ融資を実行するのか。その理由は積算価格が融資時点で釣り合っているかどうかで判断しているからです。この原則は投資用不動産の融資でも変わりありません。地方のＲＣ造の中古マンションはＲＣ造だから法定耐用年数は47年で、築17年だとしたら30年以上ある。建物の積算価格は6割以上残っているので、フルローンで融資できたりするのです。

ただし不動産の真の価値は、更地価格から建物解体費用を差し引いた金額であることをかたときも忘れてはなりません。建物は価値ゼロに向けて減り続けていきます。

不動産賃貸経営を安定させるためには、**不動産の真の価値以下で総投資額を抑えること**。この姿勢を維持し続ける限り、所有不動産が債務超過に陥ることはありません。だからこそ対象不動産の土地価格の調査は、きわめて大事なのです。

その四、建物

大家さんは家賃収入を得るビジネスですから、家賃がいくらなのか見極める目を持たなければなりません。以下に月額家賃の推測方法を解説いたします。

〈戸建て〉

アットホーム、HOMES'、SUUMOなどの賃貸サイトで周辺の家賃相場を調査します。検索条件を最寄り駅からの徒歩距離、間取り、築年数などで絞り込み、同様の物件が出てきたなら、家賃総額を延べ床面積の合計面積で割り、1㎡当たりの推測家賃を算出します。あとは対象物件の延べ床面積をかけた金額に0・95をかければ、月額推測家賃を求めることができます。0・05、5％を控除した理由は値引きがあるからです。賃貸サイトに掲載されている賃料はあくまでも大家さんの希望賃貸金額で、妥結金額はその値段よりも5％前後低い金額です。

周辺に戸建て住宅の掲載がない場合、周辺アパートの2DKの賃料を求めてください。

首都圏近郊であれば、2DKアパート賃料に3万円を乗せた金額、地方の物件であれば、1万5000円を加算した金額が戸建て住宅の家賃相場です。

〈マンション〉

戸建てと同様に、アットホーム、HOME'S、SUUMOなどの賃貸サイトで周辺の家賃相場を調査します。ただしマンションの家賃には、管理費・修繕積立金が含まれていることがほとんどで、表面上の家賃をそのまま受け取り家賃として計上してはなりません。受け取り家賃は、相場の家賃から管理費や修繕積立金を引いた金額です。さらに駐車場がないマンションの場合、周辺家賃相場よりも1万円を引いた金額を推測家賃とするべきです。たとえ近隣に月極駐車場があったとしても、自宅まで戻れない不便さは家賃で補うしかありません。また一階の家賃は、5000円前後引いた金額で妥結されます。

〈アパート〉

新築アパートと中古アパートの家賃は大きく乖離《かいり》しています。レ○パレス21や大東○託シリーズのアパートは組織力で広く宣伝しており、集客力は高いのが実情です。**まぁ10年も続きませんが、新築当初はオーナーに夢を見させているのでしょう。**一方、築年数を経た一般のアパートは、流行のアパート賃料とは別の家賃相場です。周辺家賃相場を把握する際は、区分けをしたうえで判断する必要があります。またアパートの入居率は、周辺の入居率に大きく左右されます。70％の入居率の場合、努力して85％をマックスと考える。80％の入居率の地域では90％を上限とするなど、導き出した満室家賃の上限を自ら設定する用心さを必要とします。

以上が月額推測家賃の求め方です。家賃は大家さんの収益のすべて。十二分に時間をかけ、理想に走らず、かといって悲壮感に支配されず、客観的な視点で求めてください。

家賃を受け取るためには当然のことながら、賃貸市場レベルをクリアーしていなければなりません。購入時点では、概ねそのレベルには達していません。大家さんは、本体価格を取得する以外の物件取得外経費を用意しなければなりません。しかも物件取得外経費は建物の担保価値を1円も上昇させません。あっという間に、貸借対照表から消えてしまう経費であることを肝に銘じなければなりません。たとえ本体価格を更地価格以下で購入したとしても、建物にお金をかけ過ぎると、優良な貸家から普通以下の投資案件に変貌してしまう危険性をはらんでいます。

大家さんには建物の外観やスペックから、賃貸市場レベルに引き上げるまでの経費を推測できる能力が求められます。仲介業者やリフォーム業者の話を鵜呑みにすると、物件取得外経費は余裕で3割増し。下手をすると倍の金額を支払う羽目になる。自分自身の基準を持つ必要があります。

〈競売不動産〉

占有解除：占有解除には「協議退去」と「強制退去」の2つがあります。物件明細書内部に〝関係者陳述書〟という項目があり、執行官と占有者の会話が記録されています。会話が通常に成立し、室内の写真が荒れていないなら、協議退去は可能と判断できます。引越し費用として5万円～15万円を占有者に提示し、退去合意書と残置動産物放棄の合意書を締結して、占有を解除してください。

☆**退去合意書**：何月何日をもって退去を合意する内容。締結時に数万円のお金を占有者に支払い領収書を受け取る。期限後まで居すわる場合は、1日何万円と記載した使用損害金を明示する。
☆**残置動産物放棄の合意書**：対象不動産内部の箪笥《たんす》などの動産物はすべて占有者の所有物であると確認し、退去後に残された動産物の所有権は放棄することを合意する内容。

関係者陳述書において、執行官との会話が成立していない場合や、占有者の言い分が非常識である場合、協議退去成立の可能性はきわめて低い。そこで「引渡し命令」で占有者を退去させる必要があります。引渡し命令は残金を納付してから6ヶ月以内。申立用紙にし、物件明細書など必要書類を添付し執行裁判所に申し立てれば受けつけていただけます。

引渡し命令は2週間前後で確定し、占有者に退去を促す「催告」を実施した後に、対象不動産内部の動産を運び出す「強制執行」、そして動産の所有権を買受人に買い取らせる「セリ売り」が実施されます。引渡し命令申立から強制執行までは1ヵ月半、セリ売りまで3週間前後です。

費用は引渡し命令申立費用が3万円、催告での鍵解除で3万円と立会人費用で1万5000円の合計4万5000円、強制執行でも同様に4万5000円、セリ売りで2万円の総額15万円前後です。ただ強制執行時には動産の運び出しと倉庫保管料がかかります。

費用としては、動産の量に左右されます。目安はゴミ処分も含め、1㎥当たり1万円です。動産の量は通常1㎡当たり0・3㎥です。仮に80㎡の戸建ての場合、引渡し命令から占有解除までの費用は39万円（15万円＋1万円×80㎡×0・3㎥）となります。

最初の段階で関係者陳述書を読み込み、一般人と判断できる入居者の物件を選択するほうが無難です。落札後は裁判所で物件明細書の原本を閲覧し、債務者兼所有者の連絡先を確認して、退去の期日を協議してください。その際、偉そうな態度は禁物です。債務者はたまたま財務的に行き詰まっただけのことです。

引き継いでいく。

債務者にとって大切な資産を修繕し、貸家として活かしていくから安心していただきたいとの気持ちをお伝えする心構えが必要です。

競売物件であろうが、任意売却物件や鬼指しで安く買い叩いた相続案件でも、はたまた一般流通物件であっても、占有解除が終了すれば同じスタートラインです。どこを直すのか、設備はどのランクを導入するのか、すべては所有者である大家さんの専権事項です。

不動産を取得すると必ず支払いを求められるのは、登録時の登録免許税と2ヶ月後に来る不動産取得税です。

〈登録免許税および取得税の目安〉

前年度の固定資産税と都市計画税の合計金額である「年税」のおおよそ4・5倍です。

仮に年税が4万円だとしたら、登録免許税と取得税の合計金額は18万円です。

税金問題が片付いたら、次は貸家の初期リフォームとなります。

投資利回りは年間収益を総投資額で割った数値ですから、リフォーム金額を予測できなければ、優良な投資用不動産を購入できません。

以下に主要な修繕項目の概算数値を解説いたします。

〈上水管引きなおし〉

昭和50年代以前の建物の水道管は鉄管が多く、赤水が発生しています。赤水は錆びが溶け出し赤く色がついた水ですから、硬質塩ビ管に引きなおす必要があります。マンションの場合は40万円前後、戸建ての場合は50万円前後を計上する必要があります。

〈和室から洋室〉

和室ばかりの貸家はベッドが当たり前となった現在の生活にマッチしていません。和室から洋室に変更するには1畳当たり4万円。6畳の和室を洋室に変更するには、畳からフローリングに変更する費用として24万円を予算計上してください。

〈壁紙の張替え〉

1㎡当たり1000円に延べ床面積の3倍の面積をかければ、壁から天井までのおおよその費用が分かります。80㎡のマンションであれば、24万円です。

〈和式トイレを洋式トイレに〉

1式で30万円前後です。和式便所を洋式に変えるには、床を根太から張り替え、水道管工事と設備設置工事など複数の職人を必要とします。和式の上に設置するタイプであれば、3分の1の費用10万円です。

〈外壁塗装〉

延べ床面積1㎡当たり1万円です。延べ床80㎡であれば、足場を組んで80万円。延べ床200㎡のアパートの場合であれば、200万円です。

〈雨漏り〉

ケースバイケースです。1ヶ所当たり20万円～30万円の費用を見込む必要があります。

〈バランス釜から追い炊き機能のお風呂〉

一式、最低40万円です。機器そのものは20万円弱ですが、工事費も同額を見積もる必要があります。

〈劣化別の概算費用〉

すぐに貸しに出せそうな状態で坪当たり5000円、見直す必要があれば2万円、汚れている状態で4万円、間取りの変更を考えるなら10万円、スケルトンなら20万円です。

ここで一つのモデルケースを考えてみましょう。場所は千葉県木更津市、最寄り駅は

ＪＲ内房線「君津駅」から北東に１・５キロの競売に付された戸建て住宅です。
売却基準価額は２００万円、入札には40万円の保証金が必要です。

❶土地は１３５㎡

周辺地価は１㎡当たり2万５０００円。

❷建物は90㎡（３ＬＤＫ）平成6年築、駐車場2台完備

北東市道６ｍに接道しており、再建築は可能。

特段の補修箇所はなく、リフォーム費用は坪当たり1万５０００円と判断。

（その他留意点）

○固定資産税と都市計画税の合計は4万８８９０円。

○債務者兼所有者が妻とともに居住中で執行官との会話は成立している。

○周辺家賃相場は１㎡当たり９００円。

○千葉地方裁判所、木更津周辺の直近の落札金額は売却基準価額の１・６倍〜２・０倍

以上の情報から物件取得外経費および利回りを計算してみます。

○物件取得外経費　**77万円**

一、登録免許税及び取得税　22万円

二、協議退去費用　15万円

三、リフォーム費用　40万円（坪当たり1万5000円）

登録免許税及び取得税は年税の4・5倍です。協議退去費用は関係者陳述書から協議退去は可能と判断したもの。戸建てで動産も多いため、引越し費用は15万円を計上しました。15万円は引渡し命令の費用と同額で、ゴミ処分費用を削減できています。物件内部の室内写真に問題はないものの、汚れている可能性もあり、坪当たり1万5000円を計上したものです。

○落札予想価格　**360万円**

売却確率30％として、売却基準価額の1・8倍である360万円と推測しました。

○総投資額　**437万円**

総投資額は落札金額360万円に物件取得外経費77万円を足した金額です。

○推測利回り　**21・97％**

推測月額家賃　周辺家賃相場は1㎡当たり900円であり、90㎡の対象戸建ては8万1000円。妥結金額は月額8万円と判断しました。年間満室家賃は96万円であり、総投資額437万円で割った、推測利回りは21・97％です。

○更地価格

周辺地価は1㎡当たり2万5000円、対象地価は337万5000円です。

総評：新日鉄君津工場の最寄りの駅である「君津駅」から1・5キロと近く、将来にわたり賃貸需要は維持するものと判断します。また本物件は2台の駐車スペースを確保しており、共働き世代にも利便性の高い物件です。本物件は平成6年築であり、風呂の追い炊き機能も完備しており、システムキッチンに洋式便所、そして和室は1室のみであり、設備を大きく交換する必要がありません。推測利回りは20％を超え、優良な投資対象と判断します。

その五、特異点

特異点という言葉をご存知でしょうか。

宇宙で申しますと、光も逃げ出せないブラックホールや宇宙が生まれた瞬間のビッグバン。数学の世界では関数、微分方程式における一般と比較し、異常な形態を示す区域を特異点としています。特異点から「特異」だけを抜き出すと、特別に他と相違していること。もしくは、その様。

確かに不動産賃貸業の世界においても「特異点」と定義すべき場所が存在しています。

なんと建物の価値は下がるどころか上昇する場所が存在しているのです。

これまで解説してきたように、兼業大家さんの成功法則は以下7つに凝縮されます。

❶都会ではなく、首都圏近郊や地方都市で
❷新築ではなく中古の戸建てを
❸市場価値よりも可能な限り安く購入し
❹管理は管理会社に丸投げするのではなく、管理業務にも携わり
❺売却せず、含み益で財務諸表を改善し属性を高めながら
❻金融機関から融資を受け、アパートの経営に取り組み
❼一気に物件数を増やすのではなく、踊り場を設け堅実な運営を目指す

それぞれに意味があります。

地方都市の中古戸建てをお勧めするのは、建物の価格が暴落し利用価値よりも安く購入できるので、利回りが期待できるうえに担保価値があるからです。

都会の中古戸建ては結局のところ、更地を購入することと変わらず、マイホーム予備軍との競争になるので安く購入できません。そして中古マンションの場合は、専有面積が54

㎡以下のマンションは担保価値として認められないため、次の物件を購入する足場になりません。そこで購入対象は、首都圏近郊や地方都市の戸建てなのです。

競売や任意売却、それに鬼指しで市場価値よりも安く物件を購入するのは当たり前のことですし、管理を管理会社に丸投げすると主導権を失います。売却益を念頭に置くと、売りやすい物件が先に売れてしまい、魅力の低い物件だけが手元に残ることになるのは避けたいところです。それに売買に真剣に取り組めば取り組むほど本業に差し支えます。属性を高め、金融機関から融資を受けアパートの経営にステップアップを目指すものの、一気に経営を拡大するのではなく、足場を固めながら発展していくことこそ失敗のない運営方法です。

日本の国土から申せば、99・9%に当てはまる法則です。

しかしながら、100%ではありません。残りの0・1%の場所においては、上記の法則はまったく当てはまりません。なぜなら特異点においては、建物の価値は時間が経過しても下がらないからです。日本における不動産賃貸業の法則の原点は、建物の価値が法定耐用年数の終期に向けてゼロになる「建物価値下落の法則」です。この世界の非常識が通用しない特異点で、法則が成り立つはずはありません。

特異点の代表的な場所は**「広尾ガーデンヒルズ」**です。

広尾ガーデンヒルズは1983年から日本赤十字病院跡地に、10階前後のマンションが15棟、総戸数1181戸建設されました。周辺はドイツ大使館やフランス大使館、そして聖心女子大学などがある高級住宅街です。

売り出し価格は坪当たり250万円前後でしたが、バブル絶頂期には坪当たり1600万円～2000万円まで高騰しました。バブルが弾け、暴落の波に飲み込まれた結果、坪当たり価格は1200万円、800万円、600万円とつるべ落としのように下落し、今から10年前の2004年には坪当たり330万円前後まで下落しました。

一見、典型的なバブル物件のようにも見えます。ところが価格構成を分析すると、意外な一面が明らかになります。土地価格は1983年当時の価格よりも下がっていたにもかかわらず、しかも21年経過した中古マンションなのに、発売当時の坪単価よりも市場価格は上がっています。これが特異点の特異点たる所以。広尾というブランド街、そして高級マンションの代名詞広尾ガーデンヒルズのイメージが建物価値下落の法則を跳ね返しているのです。

そして2004年から10年経過した現在の坪当たり単価は380万円前後。現在強含みの状況ですので、今後2倍になったとしても驚くことではありません。

利回り面から見ると、坪当たりの平均賃料は1万5000円、年間18万円ですから、単純利回りは4・7%。坪当たりの管理費と修繕積立金は1500円前後ですので、余剰金を1万3500円とすると、年間余剰金は16万2000円、純利回りは4・26%です。

インカムゲインだけであれば見劣りします。しかし過去の価格推移を見れば、下落は考えられない。むしろ2020年の東京オリンピックに向けて値上がる可能性は高いと考えます。

仮に今後6年間で30%上昇すると、年間5%の上昇。インカムゲインの4・26%と併せて考えると、9・26%の投資効果を期待できます。

まるでバブル親父の考えそうなことですが、特異点においては成立する選択肢です。

文京区小石川も時間の経過をモノともしない特異点です。

2003年(平成15年)に建設された築11年の1LDK(専有面積63・89㎡)のマンションの売り出し価格は6580万円ですから、1㎡当たりの価格は103万円です。

一方、新築物件として売り出されている物件は1LDK(専有面積32・64㎡)~3LDK(専有面積87・14㎡)、価格は2990万円~9990万円であり、そのまま平米当たりの単価を試算すると、91万6054円~114万6431円。11年経過した物件は1㎡当たり103万円ですから、少なくとも価格は下がっていないことが分かります。

ブランド街には建物価値下落の法則を跳ね返す魅力が存在します。住みたい、所有したいと願う人々は数多くいながら、すでに住民は存在し、新規住宅供給は需要を満たすほどではありません。結果として、中古物件が出るとピラニアのように喰らいつかれ、あっという間に市場から姿を消してしまう。予想を覆し、日本の商習慣である建物価格は時とともに減少していかないのです。

タワーマンションでは港区の3A**「麻布・赤坂・青山」**。駅から徒歩5分圏内の物件は底堅く、新築時の坪単価を100として3割上昇し、リーマンショックで2割減少など株価と同様の値動きを示し、時間の経過の影響を受けていません。今後、2020年の東京オリンピックに向けての上昇は確実視されています。

ブランド街の物件の建物価格は需要の高さと供給力不足のため下がらず、景気に左右されて変動します。当然のことながら賃貸需要は驚くほど高く、入居募集に手間を費やす必要がありません。所有者は物件取得だけに力を注げば成り立ち、管理会社も乱立しているので値段交渉をする余地があります。

5棟10室の事業規模を超えれば、個人向けローンではなくプロパーローンを受けることができ、金融機関も54㎡以下のマンションの担保価値を認め、新規物件購入に役立てることも可能となります。

ブランド街においては、ことごとく兼業大家さんの建物価値下落の法則は当てはまりません。そして新たな法則さえ導き出せるのです。

それは20㎡~30㎡の中古投資用マンションを購入し続け、事業用規模に拡大して、金融機関の信用を得るという手法です。ポイントは、ブランド街といえども狭い中古投資用マンションにローンは付きづらいという金融機関の内規を逆手に取ること。そして**「超個人年金」**の手法を組み合わせ、キャッシュフローを拡大させる手法です。

新築当時2000万円前後で売り出された都内の投資用マンションも今は昔。一戸当たり300万円~400万円で売りに出されています。即金を条件に出せば、40%の値引きも夢ではありません。管理費や修繕積立金を推測家賃から差し引いても、利回り10%を超える物件も容易に探せます。当面の担保価値を棚に置き、収益力と入居募集の容易さに着目すればいい。共働きであれば1人の給与でやりくりし、片方の給与は投資用中古マンションの獲得だけに力を注ぐわけです。

さいわい東京は数ある世界の都市の中で、「旅行をしてみたい都市1位」と人気ですし、地方から人を吸い寄せ続けています。当面、賃貸需要が下がることはなく、入居募集に困ることはないでしょう。

しかも特異点は、古くから続くブランド街ばかりではありません。再開発などにより街のイメージは向上していくのです。思い返せば、渋谷や新宿等のブランド街も古くは鷹狩り御料地や農村でした。高層ビルや街の再開発により街の価値が上昇したのです。

今後、都内で予定されている再開発地域は、

(一) 品川・田町エリア

ＪＲ山手線の「品川駅」と「田町駅」の中間地点に、40年ぶりの新駅が新設される予定です。場所はＪＲの車両基地、新たなオフィスビル街の建設が予定されています。時期は東京オリンピックの２０２０年です。

(二) 日比谷・大手町エリア

金融機関や報道機関に総合商社など名だたる企業群の本社が集積している地域です。これまでもみずほ銀行大手町本部ビル、大手町タワーが完成し、２０１６年、２０１８年には大手町タワーを超えるビルが予定されており、丸の内を越えるオフィス街に生まれ変わります。同地域に通勤しやすい場所の賃貸需要の高まりが期待できます。

(三) 虎ノ門ヒルズ

地上52階、延べ床面積24万４０００㎡の新築ビルです。東京都が事業主体であり、森ビルが特定建築者の物件です。

（四）晴海・勝どき・築地エリア

東京オリンピックで変貌する地域です。新交通システムにより都心へのアクセス向上が計画されており、資産価値の上昇が予想されています。

その他にも、**飯田橋**では2014年に延床面積12万㎡を超える「飯田橋グラン・ブルーム」がオープン、**中野**では警察大学校跡地における「中野セントラルパーク」の完成や名だたる大学の移転が予定されています。

「では、結局都心の物件を購入しろってことか」

確かに都心は再開発事業が目白押しであり、今後も人口増加が見込まれています。でもその他地域での特異点投資は不可能かと言うと、そうでもない。地方全体の人口は減少するのですが、行政府は社会整備に責任を持つ管轄地域を縮小しようとしています。人口が減少するなら、整備区域を狭め効率的な運営を図ろうという意図。この計画は通称「コンパクトシティ」や「スマートシティ」とよばれています。コンパクトシティを政策としている都市は、**札幌市**、**稚内市**、**青森市**、**仙台市**、**富山市**、**豊橋市**、**神戸市**、**北九州市**などがあり、今後も増加する予定です。公表されている政策を分析すれば、どの地域が有望であるか判明するのは当然です。「公表されているなら誰もが知っている」と私たちは考えがちです。

しかし一般大衆が動き出すのは目に見えた変化が出てから。計画段階では公表されていても認知度は低い。この情報格差こそ、ビジネスの種です。

ただし、めくら蛇に怖《お》じずのように猪突猛進してはなりません。

太陽の黒点のように特異点は現れては消え、消えては再び現れる性格を持っています。いつまでも同じではないから特異点であることを忘れてはなりません。

その他にも、国際情勢の変化から特異点になり得る地域が存在します。

有力な都市の一つは**「稚内」**。北海道の北部、角のように突き出した先端の右に位置する港町です。

2014年秋にはロシア大統領プーチン氏が来日します（ウクライナ情勢やマレーシア機撃墜で流動的ですが）。彼が訪日する最大の目的は極東の開発に日本を巻き込むことです。日本の最大の目的は北方四島の日本の帰属を認めさせ、平和条約を締結すること。

両者の真の目的は多少乖離していますが、アメリカの力が衰えた世界情勢を踏まえれば、日露の結束は必然と申せます。

そして日本は原子力発電の全面稼動を果たせず、エネルギー確保をあらゆるルートで構築しようとしています。

ここに日露合意の共通点があります。サハリンから稚内への天然ガスパイプラインの建設です。ロシアはパイプラインの建設を日本に任せ、バルブを捻るだけで向こう40年お金が入り続けることになる。

日本から得た資金と技術協力で極東を開発し、中国の脅威から国境線を守る。

すでに青写真はできています。あとはスピードの問題でしょう。

この劇的な変化が起きると、お次はウラジオストックを起点とした日本海貿易が開始されるでしょう。日本海に面した**新潟港**、**福井港**、そして**舞鶴港**は貿易の拠点となる。これまで忘れ去られ、地価がつるべ落としのように、下がり続けてきた日本海北部の田舎町が脚光を浴びる特異点に変貌すると予想しています。

その六、事業計画的思考

私が最初に不動産を購入したのは、足立区花畑のワンルームマンション。今から21年前の平成5年5月です。購入目的は、競売不動産の再販売プロジェクトの実績作りでした。その後1年をかけて、葛飾区と江東区にそれぞれ一戸競売不動産を落札し、稟議《りんぎ》を再々提出したのですが、「歴史あるわが社が、競売なんぞに参入するのはいかがなものでしょう」との副社長の一言で急転直下、否決されてしまいました。戻った稟議書には、「同様の稟議をあげるべからず」と強い筆圧で記載されていました。

あれから幾星霜《いくせいそう》、藤山家の所有戸数はちょうど１００室です。常に行動の指針に置いているのは事業計画的思考、12年半在籍していた大倉商事で学んだスキルです。

残念ながら、マイホームを購入なさる方々の大半は事業計画を念頭に置いていません。判断材料は、「住宅ローンは今の家賃からいくら上がるのか」だけと言っても過言ではないでしょう。事業計画的思考があるなら、5年後、10年後、20年後、そしてローンを支払ったあとのマイホームの市場価値を調査しないと片手落ちです。

（大丈夫か、オレ？　ほんとに住宅ローンを支払っていけるのか……）

マイホーム引き渡しの晴れの日、「めでたさも　中くらいなり　おらが春」。苦笑いが精々《せいぜい》のはず。ところが、仲介業者や工務店の社長と満面の笑顔で握手しているのが現実です。

「でもさ、マイホームは投資じゃないしさ、言い過ぎじゃないの？」

確かに。マイホーム購入のご決断を下すのは奥様が大半。女性の願いをかなえるのは旦那様の大切な役割ですから「マイホームは投資ではない」、一面の真理です。ただ、すべて知った上でご判断していただきたい。勢いと情にほだされ、ちりちりと火花を上げる爆弾を背負う必要はないと申し上げているのです。

投資用不動産を購入する際、「事業計画的思考」を抜きに判断を下してはなりません。身内に強く購入を願う人間はいないのですから、数値だけで判断するべきです。

物件が増えてくると、大数から経営指針を大まかにつかむ能力を必要とします。

判断材料は「年間受取家賃」と「残存債務総額」の二つ。年間受取家賃を残存債務総額で割った**残債比率**が経営の安定性を計る貴重な数値となります。

青信号は20%以上の数値です。どんぶり勘定で経営をしても、びくともしない財務基盤を確立しています。すべての投資用不動産を売却すると、借入残高と同額以上の現金が手元に残ることでしょう。

黄色信号は11%~19%の数値です。経営に留意すれば赤字になることはなく、売却したとしても手元にお金が残ります。債務超過に陥ることがないので、撤退の自由を手にしています。

赤信号は10%以下の数値です。ともすれば、赤字の決算が続きます。給与から補塡しなければ継続は不可能であり、資産価値は年々下がり続け、全資産を売却しても残存債務を返却できません。ある月は黒字なのに、退去が続くと赤字に転落します。電話が鳴ると「クレームの電話か、それとも退去か」とビクビクしてしまいます。

すでに大家さんとして複数の投資用不動産を所有しているなら、現実の**残債比率**を求めてください。青信号の20％以上の数値であれば、心配ありません。もし嫌になっても半年程度の時間をかけて売却すれば、残存債務は雲散霧消。1円の借金も残りません。

現在、都内なら6％前後の収益不動産であれば購入者がいます。首都圏近郊であれば9％。地方であっても12％前後の収益率で売却できるので、残存債務を気にする必要はありません。

黄色信号の11％~19％はどちらよりかで対応が分かれるものの、安穏としていられない現状を理解しなければなりません。特異点に立地していない限り、建物価値下落の法則から逃れることはできません。うかうかしていると債務超過に陥る危険性があります。今が分岐点です。余剰家賃を浪費するのではなく、余剰家賃で投資用不動産を現金買いして、**残債比率**を向上させることが重要です。

1億円の残存債務があり、年間の家賃収入が1200万円だとし

$$\frac{\text{年間受取家賃}}{\text{残存債務総額}} \times 100 = \text{残債比率}(\%)$$

ましょう。キャッシュフローが400万円だとしたら、総投資額400万円で戸建てを購入し月額6万円の家賃を得るのです。翌年の受取家賃は1272万円。1億円の借金は9600万円に減少したとすると、**残債比率**は12%から13・25%（1272万円÷9600万円）に上昇します。翌年も同様のアクションを繰り返すと、受取家賃は1344万円、残存債務は9200万円、**残債比率**は14・61%にまで向上します。仮に受け取り家賃が年間1200万円のままならば、12%の**残債比率**は13・04%でしかありません。どんぶり勘定で経営できる**残債比率**20%になるまで努力を継続してください。

赤信号の10%以下の場合、ともすれば赤字経営です。投資用不動産を業者の勧めるまま購入すると、この数値となります。一見、成り立っているように見えても、内情は日没寸前の夕日のように真っ赤っかです。建物価値下落の法則により、購入時点から建物価値は半減し、売却しても残存債務を返済できません。経営し続けるのも売却するのも地獄の状態。重い住宅ローンを抱えた世の男性と同じ苦境です。

では、どうするのか。前述したように、少しばかりの余剰金にボーナスや給料からかき集め、現金で投資用不動産を購入することです。借金のない真水の貸家を投入して経営を安定させなければ、枕を高くして眠ることはできません。

20年前、競売不動産の再販売プロジェクトを断念せざるを得なくなった私は、北海道に新築アパートを3棟続けざまに建築しました。当時の借金総額は1億2000万円。満室家賃は1100万円、利回りは9・17％です。キャッシュフローは毎月20万円前後入っていましたが、中古アパートの価格を調査したところ、顔が青ざめました。

「このままだと債務超過になる。手を打たねば」

策を練り続けた私は余剰金とボーナス、そして月々5万円の預貯金を投入し、北海道で競売不動産のマンションや戸建てを次々に購入し続け、経営を立て直しました。

人間、誰しも間違いを犯します。大事なのは、その間違いから目を背《そむ》けないこと。考え、工夫し、次の一手を迷わず実行することです。その後は効果を確認し、次の一手を間断なく打つ！　継続した改革努力は現実を変えていきます。

返済を続け、入居率を維持し続ければ、**残債比率**は徐々に上昇していきます。ただ、それだけでは心もとない。投資用不動産を現金買いすれば、直接残債比率が向上します。

「天は自ら助くる者を助く」(Heaven(God) helps those who help themselves.)。英語の諺《ことわざ》ですけれど、まさに的を射ています。自立して努力する者には天の助けがあり、必ず幸福になれるのです。

第五章

投資の手順とポイント評価

最初の物件は自己資金

遠くない将来、正社員の価値は見るも無残な状態です。評価の基準は、過去の会社への貢献ではなく、現時点における能力のみ。成績が振るわなければ戦力外通告を申し渡され、雀の涙ほどのお金とともに叩き出されることになる。1年、2年の近未来ではありません。

しかし、15年後には間違いなくそうした社会になっている。政府の打ち出した外国人技能実習制度の拡大や高度人材受け入れ、継続審査となった解雇規制緩和政策を推し測ると、そう思えてなりません。

だからこそ兼業大家さんを推薦しているのですが、最初から借金をして貸家を購入してはなりません。昔から言うではないですか、「あわてる乞食はもらいが少ない」と。

なぜ、借金をして貸家を購入しなければならないのか。

当然のことですが、お金がないからです。

では、なぜお金がないのか。

おそらく遣ってしまったから。

なるほど。遣ったからお金がない。よく理解できますが、どうして貯めなかったのでしょう。もし32歳の独身男性だとしたら、これまでに3000万円〜5000万円のお金を給与として受け取ってきました。節約をしていれば、1000万円あっても不自然ではありません。なのに貯金はゼロ、もしくは100万円以内。いったい何に遣ってしまったのでしょう。

「しつこいねぇ〜。どうでもいいでしょ、そんな昔のこと。過去じゃなくて未来でしょ」

はっきり申し上げますが、こんな考え方なら兼業大家さんを目指さないほうがいい。誰だって弱点はあります。弱点を穿《ほじく》り返されると、つらい。しかしながら、弱点を放置したまま先に進むと、とんでもないしっぺ返しが待っている。ブレーキパッドがつるつるのままドライブに行くと、重大事故を引き起こしてしまうのと同じです。

「重大事故？　どんなことになるのよ。たかが貸家でしょうよ。大げさなんだよ」

貯金ができていない事実から判断すると、目の前の欲望を抑える能力にかけている可能性がきわめて高い。そのまま借金をして大家さんになると返済ができなくなり、所有不動産は差し押さえられ、競売の当事者になってしまう。本業に差し障りが出て、クビになってから嘆いても遅い。そんなことなら、兼業大家さんの世界に足を踏み入れないほうがどれだけ良かったか。

「ど、どうすりゃいいの？　ここまで来て大家さんに向いてないって、ひどいでしょ」

自己抑制能力を磨くことです。具体的には節約をしてお金を貯める。外食から自炊に切り替え、缶ジュースを水筒に変え、休みの日は自宅ではなく図書館で過ごし電気代を節約しつつ、知識の習得に励む。事情が許せば、住居も安い場所に引っ越す。少しの変化ではなく、ドラスティックに変えてしまうのです。会社の同僚から酒席に誘われても、「ちょっと肝臓の調子が」とか「英検の試験がもうすぐで」など適当な理由をもうけて避ける。付き合いが悪いと評判が出ても、カエルの面に小便と受け流す。

最初の1ヶ月は死ぬほどつらい。それだけ努力しても貯金通帳の金額は10万円も増えません。もしかすると、5万円程度かもしれない。ただ半年続けると、ボーナスもそのまま預貯金に回せるので貯金の金額は飛躍的に増えていきます。

面白くなるのです。

努力が形となり、成果を手にして初めて自己肯定できるようになる。人間とはこうしたもの、嘆く必要はありません。1年続ければ、自己資金は100万円以上増える。2年目は100万円に上乗せもできます。もともとあった預貯金とあわせれば300万円に手が届く。ここで首都圏近郊もしくは地方都市の土地付戸建てを競売不動産で落札するも良し、特異点のワンルームマンションを取得しても構いません。誰にも借り入れることなく、不動産を手にするのです。

21年前、登記簿謄本に「所有者　藤山勇司」の文字を眼にした瞬間は感慨深く、今でも思い出すと、ほおがゆるんでしまいます。借金をせず、こつこつと貯めたからだったと思います。登記簿謄本の乙区には何も記載されていません。毎年の固定資産税や都市計画税を払えば、誰にもお金を支払う必要がない。誰にも脅かされない完全なる所有権です。

自信とは、「自らを信じる」ことです。信じるためには、実績がなければ揺らいでしまいます。ゼロから始めて借金なく投資用不動産を手にしたなら、誰がなんと言おうと完全なる成果。浪費癖は姿を消し、新規物件獲得に動き始めることでしょう。

1軒大家で終わるか、それとも大家さんで経済的独立を果たすか。兼業大家さんに付随するこまごまとした業務、リフォームや入居募集、家賃の入金確認や確定申告などが支障にならないなら、業容を拡大すればいい。努力し、確認して、前に進む。決して、**あわてない　あせらない　あきらめない**。この三つの**「あ」**を胸に一歩一歩、前に前に歩んで行くのです。

「もし借金をしてアパートを買うとどうなるの？　参考までに教えて」

……、わかりました。属性が良く、住宅ローンなどの債務がなければ、数千万円の借入れは可能です。金融機関と提携した不動産仲介業者であれば、金融機関の好みそうな事業計画もあっという間に揃えてくれる。晴れてアパートのオーナーとなります。

当たり前のことですけれど、家賃が入金されてきます。1室5万円、10室のアパートが満室なら月々50万円です。借入れが5000万円で金利3・5％の25年返済なら、月額返済金額は25万310円で25万円が余ります。

「へぇ〜、すごいね。やっぱ最初からどーんと借り入れたほうがいいんだ」

ここまで何をお聞きになっていたのでしょう。

25年返済です。今は満室でも半年後も1年後も、はたまた5年後も満室と誰が決めたのか。現時点で満室状態というだけです。それに固定資産税や都市計画税を支払う必要がありますし、10年以内に外壁再塗装や設備の更新も視野に置かなければ入居率を維持できません。計画的に余剰家賃の使い道を考えなければ、25年の返済に耐えられるはずがない。

ところが自己抑制能力を磨かぬままスケールメリットを追求すると、余剰家賃を使い込んでしまう。知らず知らず生活レベルは上がり、余剰家賃ありきの消費スタイルになってしまう。店子からクレームが入っても解決できず、退去されて仲介業者からそっぽを向かれるのは自明の理。

そうなってからでは遅いのです。最初は自己資金で貸家を購入するのは、そうした危険を排除するためのスキーム。初物件自己資金購入は、遠回りのようで必ず果たさなければならない兼業大家さんの一里塚です。

最強カード、属性の使いどころ

本業のあるサラリーマンや公務員は、金融機関から絶大な信頼があります。ちょっとした歌手やお笑い芸人、はたまたイケメンの俳優よりも住宅ローンの借入れ枠が多いことを見ても分かります。ただ、それもこれから10年以内。２０２０年の東京オリンピックが終了して数年すると、正社員の地位は見るも無残な状態となることでしょう。

砂時計のように限られた時間ですけれど、まだ10年という短いようで永い時間を有効に活用するべきです。この10年をどう活かすかで、その後の30年、いや40年が決まると申し上げても過言ではありません。

サラリーマンや公務員はなぜ金融機関から信用されているのでしょう。不良債権になると分かっているマイホーム資金を年利１％未満で必死になって貸そうとする理由は何でしょうか。

そう、正社員は容易に解雇できず、年齢とともに給与は増えていく。その上、退職すればかなりの退職金を手にすると思っているからです。芸能人は華やかに見えても仇花《あだばな》。その多くは夜空に打ち上げられる花火のように〝一瞬〟輝いて散っていきます。毎年、ファンファーレとともに新人が紹介され、特集記事が出る裏ではひっそりと姿を消す芸能人がいる。金融機関の融資担当者は、そうした現実をしっかりと見ているのです。

金融機関が判断するのは支払い能力であり、将来にわたる担保価値の動向ではありません。住宅ローンを支払い終えれば、担保価値が下がっていようと関係ないのです。マイホームを購入すると、債務者の可能借入額は単純な引き算で減少します。知らないのは鼻息の荒い旦那様ばかり。不動産仲介業者は「これで一丁上がりだな。もう二度と会うことはないだろう。次だ次ぃ！」と、新規のカモ狩りに出かけていきます。

ところで、第二章で解説させていただいた**「超個人年金」**を覚えていらっしゃるでしょうか。通常の個人年金は35歳から25年間、毎月3万円を積み立て、60歳から70歳までの10年の間、毎年100万円を受け取ります。

一方、**「超個人年金」**は毎年3万円を積み立て、400万円になったところで、戸建てを購入し、月額6万円の家賃で貸し、1万円を維持管理費として差し引いた5万円を3万円の他に積み立てる。新たに400万円が貯まると、2軒目の戸建てを購入し、余剰家賃は積み立てに回す。賽《さい》の河原のように思えますが、25年後の60歳時、無借金で購入した戸建て8軒と現金215万円を手にしています。

給与から拠出するのは毎月の3万円のみ。個人年金の積立金と変わりません。違っているのはお金の運用を生命保険会社に任せるのではなく、自ら投資用不動産を購入して余剰家賃を全額再投資することだけ。

たったこれだけの違いです。個人年金では300ヶ月積み立てた900万円の原資は1000万円の給付で終わる一方、超個人年金は8軒の戸建てと215万円の現金、そのうえ毎月40万円の余剰家賃を永続して手にできるわけです。

「まぁ、机上の空論でしょ。計算上はそうなるよ、というだけだ。それに25年だもの」

継続の力です。

何事も戦略があり、実行するのは個人です。余剰家賃を生活費に回しているようでは、超個人年金は実現できません。ただ25年という月日に耐えられるかどうか。奥さんがいて、お子様がいて、不意の出費にも1円も回さない強い信念がなければ実現できないのは事実です。

格差は確実に拡がりつづけることでしょう。

アメリカでは2ネイションズという経済用語が当たり前に話されるようになっています。1%の富裕層が富の25%を所有し、続く19%の小金持ちが55%を所有している。なんと80

%以下の人々は残った20%しか手にしていない。政府の要職とウォールストリートの人事はメリーゴーランドのようにクルクルと回っているだけで、格差は取り返しのつかないほど拡がっている。まるでアメリカ国内に2つの国家が存在しているようだというのです。

他人事ではありません。正社員の地位が揺らいでからでは、頭一つ抜けるのに相当な努力を必要とします。目を見張るような能力者でなければ、富裕層は受け入れてくれません。そんな社会変化が日本で現実のものになろうとしているのです。

25年の投資期間を短縮するためには、レバレッジ（てこ）が必要です。属性からくる融資枠を拡げ、貸家を増やせば、25年を10年や5年に短縮することは不可能ではありません。

もしも生活防衛を念頭に置くのであれば、10年後の正社員の地位が有名無実になった際、5棟10室の事業規模の兼業大家さんになっていればいい。月々20万円以上のキャッシュフローがあれば、1%の富裕層ではなく19%の小金持ちの地位を確保できることでしょう。

切り札は、「属性」というカードです。

属性は①年齢　②勤務先　③勤続年数　④給与　⑤家族構成　⑥持ち家か貸家か
⑦債務総額　⑧所有株式と預貯金　⑨健康状態　⑩給与外所得　⑪その他財産

以上を総合的に判断して決定されますが、通常は①〜⑨まで。ほとんど勤務先の項目です。ところが兼業大家さんになると、⑩の給与外所得と⑪のその他財産の欄が大きく増加します。そして月々10万円を超えると平社員は係長クラスとなり、月々20万円を超えると課長と同等とみなされるようになる。副業である不動産賃貸業が属性を大きく高めることになるのです。

属性は「種籾《たねもみ》」のようなもの。食べてしまえば、翌年収穫できません。しかし苗に育て世話をすれば、実りの秋を迎えます。本業のある皆さんにはベースがある。そのまま借入れするのではなく、自己資金で物件を増やし、実績を見せてから借入れをすればいい。物件を見定める目は養われているでしょうし、管理方法も身についている。箸にも棒にもひっかからない地雷物件を購入することはないのですから、金融機関も安心して融資に応じてくれます。しかも市場価格より3割安く投資用不動産を購入すれば、属性が下がることはありません。なぜなら金融機関の融資基準は市場価格の7割だから。ということはそれ以上安く購入すれば、融資を受けていながら属性はアップするのです。

属性という切り札の使いどころを間違えてはなりません。そして切り札は何度でも使えるように、貸家は安く購入し続けることが大切です。

それでは模範的な兼業大家さんの拡大方法を解説します。

主人公は29歳の結婚3年目の山田さん、奥様はご懐妊されています。預貯金は400万円、新築マンションの自己資金として貯めています。住居は社員寮で35歳までに引っ越さなければなりません。手取り給与は毎月35万円。預貯金できるのは月々5万円。ボーナスで預貯金に回せるのは年間40万円。1年で100万円の自己資金を貯めるのが精一杯です。

投資回数	年齢	物件種別	総投資額	年間余剰家賃	借入金額
第一回	29歳0ヶ月	千葉八街の戸建	400万	60万	0万
第二回	31歳6ヶ月	千葉八街の戸建	400万	60万	0万
第三回	32歳0ヶ月	松戸のアパート	3000万	120万	3000万
第四回	33歳3ヶ月	千葉八街の戸建	400万	60万	0万
第五回	34歳3ヶ月	千葉八街の戸建	400万	60万	0万
第六回	35歳	松戸の自宅購入	800万	0万	500万

6年間の不動産投資の成果です。

6年後に手にされたのは、松戸のフルリフォームした中古のご自宅と、千葉八街の4軒の戸建てに松戸の利回り12％のアパートです。余剰家賃は年間３６０万円、手取り給与とほぼ同一。来年、戸建てを購入すると並びます。

では、第一回から解説します。１年目は感情とのせめぎ合いになります。本当であれば、モデルルームを回って新築マンションを購入する予定でした。だからこそ４００万円の自己資金を貯めてきたのです。この大転換ができるかどうか。ご夫婦はじっくりと話し合った上で決断されました。場所は千葉の八街という場所。千葉と成田の中間に位置するベッドタウンとして発展した街。落花生の出荷でも有名です。家賃は６万円で１万円の維持管理費を差し引いた5万円を積み立てます。

第二回は最初の物件を購入してから2年半後です。年間の積み立て金額は１６０万円ですから４００万円を積み立てるには2年半の年月がかかりました。２軒目も借入れはせず、自己資金です。

第三回こそ属性の使いどころです。これまでに確定申告を3回こなし、書類上も不備はありません。家賃はメインバンクの口座を指定し、公租公課や給与振込みも同じ銀行にしています。審査の結果、千葉八街の2軒を共同担保とすることでリフォームを含めた満額の融資を実現させました。年間家賃総額は３６０万円。返済と維持管理費を除いた余剰家賃は利回りの3分の1の１２０万円です。

第四回、第五回は、余剰家賃を貯めて戸建てを買い増していきます。アパートの戸数は6戸ですから、これで晴れて事業規模の大家さんとなります。

ここで山田さんご夫婦は貸家買い増しの速度をゆるめます。お子さんは来年小学校に上がります。そして会社の寮に入居できるのも、あとわずか。奥様のご実家のある松戸を引越し先に見定め、中古の戸建てを400万円で落札！　残りの400万円で諸経費を払い、水周りの交換と外壁塗装を塗りなおしたのです。もちろん足りないお金はメインバンクがいそいそと貸してくれたのは言うまでもありません。

25年返済3・5％で3年前に借り入れた3000万円の借入残高は2762万円となり、自宅の購入で500万円借り入れましたから、残高は3262万円です。一方、家賃収入は6万円で貸している戸建ては4戸で24万円、アパートは30万円ですから月額54万円、年間648万円です。残債比率は648万円÷3262万円ですから19・86％。青信号の20％以上まであと少し。来年には達成できます。もし3000万円を新築マンションで遣ってしまったら、いったいどうなったのでしょう。

管理と家族の協力の引き出し方

兼業大家さんは、家の業と書いて「家業」です。旦那さん1人、ねじり鉢巻で頑張ったとしても上手く展開しません。

「なんで？　稼げばいいだけでしょ。金を稼げば、文句ないでしょ」

お分かりになっていない。家族の結束がなければ、働き手の旦那さんは、疲れ果ててしまいます。確かに兼業大家さんは本業というベースがあり、投資用不動産を安く購入すれば、採算に乗ります。クレームは驚くほど少なく、一度店子が入ってしまえば5年前後家賃が見込めます。無駄遣いをせず、余剰家賃を再投資に振り向ければ、余剰家賃が手取り給与を追い越してしまう。係長なのに、勤め先の社長や会長よりも所得が上ということも珍しくありません。

事実、ある市役所に勤務されている私の教え子は、そこの市長よりも所得は上。

「いやぁ〜、笑ってしまいますよ。ふんぞり返った市長よりも年収は上なんですから」と破顔一笑されていました。

問題は奥様の気持ちです。

奥様の立場で考えてみてください。

ある日、旦那さんが「大家さんになるぞ！」と口にされて、新築マンションは白紙になります。そしてどこで見つけて来たのか、投資用不動産を購入して家賃が入ってくるようになる。

「どうせ、どこかで音《ね》を上げるに決まってる……」と高をくくっていたのに失敗しない。

「いいじゃない。理想の展開でしょ」

複雑な乙女心を理解されていらっしゃいません。彼女はとにもかくにも寂しいのです。置いてけぼりを喰ったようで、旦那さんが遠くに行ってしまったようで、つらい……。

理屈じゃありません。

自分の身の置き所を見失ってしまう。そこで多くの奥様は、旦那さんのどうでもいいような悪癖を口にするようになる。たとえば、靴下を裏返しで洗濯カゴに入れてしまう。一晩寝ただけの枕が鼻が曲がりそうに臭い。食事の時に新聞を見ながら食べる。イビキがうるさい。そして、いつも偉そう。兼業大家さんを始める前は、そんなこと口にしませんでした。子供っぽい仕草も可愛く見えたものです。なのに、この頃は貸家の成果を得々と話す旦那を見ていると、ふつふつと怒りが湧いてくる。

どこかで意趣返しをしないと、自分が消えてしまいそう。本当に私は旦那に必要とされているのだろうか。もしかして外に女でも作っているのかも。貸家の何軒か別の口座に入金しているとしたら、遊ぶお金ぐらい作れる。

ふと浮かんだ疑惑は日々成長し、気がつくと家の中で立ち止まっている自分がいる。家事はだんだんとおざなりになって注意を受ける。

実はキャリア官僚や世間に名だたる名経営者も多かれ少なかれ、家庭問題を抱えています。旦那は家のことよりも外の仕事にやりがいを見つけ、家で過ごす時間が極端に短い。1人残された奥様は、世間の評判が高い旦那を素直に喜べない。家の中から会話が少なくなり、旦那は夜のネオン街で癒しを求めてしまう。問題が発覚すると、2人の溝は深く広く、取り返しのつかないことに。

感謝をすることです。

「誰が、誰に、何を？　いったい何を感謝しろって言うの？」

旦那さんが奥様に、結婚してくれたこと。子供を授かったこと、そしていつも居てくれることをただただ感謝する。子供から「パパ」と呼んでもらえるのは、奥様が子供を生んでくれたからです。彼女が居なければ、決して父親になれませんでした。当たり前のことなんてありません。お2人の歴史は、奥様がいなければ一つも成立しなかった。互いの共通点を素直に感謝すること。

そして兼業大家さんを目指した動機をしっかりと理解していただくことです。

たとえば……。

「いやさ、ほんと大変な時代になるんだ。外国人技能実習制度で毎年10万人、留学生で8万人、高度人材で1万人、それに帰化する人を加えると、大体毎年25万人の移民がやってくる。日本人の新生社会人は年間120万人でしょ。そこに海外から25万人が就職戦線になだれ込むわけだ。俺って、自分で言うのもなんだけど、人より特別優れてるわけじゃない。頑張ってるし、これからも頑張るよ。でもさ、外国から安い給料で俺の仕事をやるって言う奴が来たらさ、経営者はどうすると思う？　プロ野球の戦力外通告じゃないけどさ、正社員も似たり寄ったりになると思うんだ。

だから、大家さんなんだ。移民は来た途端にマイホームなんて買わないから、どこかに家を借りるだろ。都会や都会の周辺の世帯数はここしばらく激減しない。中国なんて、空気を吸うのも命がけだから、移民圧力は高まることはあってもなくならない。

新築マンション買って、35年間住宅ローンを払い続けるのは正直怖いよ。臆病なのかな。でも家賃を稼いでくれる貸家を増やせば、最悪空いた貸家に住めば、住居費はゼロになる。俺は君と子供たちを守りたい。ただ、それだけなんだ。人と同じことをしてれば不安はないかもしれない。昔あったろ？〈赤信号、みんなで渡れば怖くない〉って、ほんと35年の住宅ローンはそれだけで〈赤信号〉だと思うんだ。

最初だけだ。最初の5年間は雪だるまを大きくする肝心要の時だから、余剰家賃は再投資に回したい。でも、そこから先は生活に余裕が持てるようになる。

俺って、大雑把《ざっぱ》じゃない。もう、ほんと大雑把で嫌になる。ただ大家さんはそれじゃいけないんだ。ほんと苦労かけるけど、手伝ってくれないか。俺だけじゃできないのは、よ～く分かってる。君だけが頼りなんだ。いつも感謝してる」

全部1人でやろうとしないことです。10できる力があるとしたら3に注力し、7は他人に頭を下げてお願いする。頼まれる、頼りにされる、信じてくれる。惚れて結婚を決意したのですから、彼女の熾《お》き火は完全に消えていない。注意して息を吹き込めば、焔《ほむら》は炎となるのにさほど時間を必要としません。自分と同じ成果を期待してはいけません。だいたい半分の成果を出してくれれば、手放しで褒め称える余裕を持ってください。何か褒めるところはないかと手ぐすね引いて待っていてもいい。見も知らぬ赤の他人じゃありません。家庭を構成するグッドハーフです。彼女が本気になれば、驚くべき仕事をしてくれることでしょう。貸家をハンドリングするうちに、あなたの所有する貸家は奥様の誇りとなる。入居が決まったと報告すれば喜んでくれて、リフォームを終了させれば苦労を労《ねぎら》ってくれる。惚れ直さずしてどうします。そして旦那さんにとって家庭はどこよりも癒しの場となるのです。

もしも自分の手柄を勝ち誇り、外で過ごす時間が多くなると、1本の電話の取次ぎさえしてくれなくなります。業者は奥様に話したから、それで終わったと思っているのに、家庭内の「報・連・相」が徹底していないと業者から信用をなくしてしまいます。

「電話を受けたなら、受けたって言ってくれよ。そんな難しいことじゃないだろ。俺のどうしようもない部下だって、それぐらいやってくれるぞ。大体、今の世の中で専業主婦をやっていられるのは誰のお陰だ？　パートに出なくてもいいし、保育園に子供を預けなくてもいい。それに、『貸家だけじゃなくて戸建てに住みたい』ってお前が言うから、都内に一戸建てを落札しただろ。何が不満なんだ。言ってみろ！」

最悪です。奥様の代わりに申し上げましょう。

「あなたって何様？　いったい私はあなたの部下なの？　部下ならお給料をちょうだい。いつも午前様で、酔っ払ってドアをどんどん叩くのはご近所迷惑よ。タクシーの運転手さんに何度頭を下げたのか分かってるの？　たまの休みに子供と遊んでくれないし、どこにも連れてってくれない。子供はあなたの顔を忘れてるわよ。いつも注意する怒ったオジサンって思われてるんじゃないの？　ね、子供の誕生日いつだか分かってる？　昨日よ。電話をしてもさ、『仕事だ、あとで電話をかける』って切ったままじゃない。みんなで待ってたのよ。あんたが帰ってくるのを。業者からの電話ってさ、子供の誕生日よりも大切なの？　いったいどうなの。はぁ……、あたし疲れた」

そんな修羅場に陥ることのないよう、率先して「感謝」の言葉を、恥ずかしがらず口に出してください。

奥様にお願いする管理業務は、**①通帳管理　②クレーム処理　③退去とリフォーム　④入居募集**　の４つです。

①の通帳管理は、インターネットバンキングを開設し、自宅から入金確認できるようにしてください。家賃滞納は家賃保証会社に迅速に連絡し、報告を受けた社員のフルネームと通知した時間を記載するのです。大家さんの告知義務を確実に果たす重要な仕事です。家賃保証していない店子の場合は、葉書、封書、内容証明郵便と督促のレベルを上げながら、連帯保証人にも通知し家賃の回収に努力してください。

②のクレーム処理の大半は、排水の詰まり、上水やシャワーからの水漏れなど水周り関係です。水道工事業者のダイレクトの電話番号を入手し、３ヶ月に一度葉書を出しておくこと。イザという時に力になってくれます。その他のクレームは不動産仲介業者の協力業者に依頼すればいい。直接頼むよりも高い工賃ですけれど、迅速なクレーム解決を優

先してください。

③の退去とリフォームについては、業者の意見に耳を傾けることです。日々、入居希望者と接しているのは彼らです。大家さんは黒子に徹し、表舞台で活躍する不動産賃貸業者が演じやすいように舞台を整えてあげることが肝要です。

④の入居募集で大切なことは、ネットに掲載されているかどうか。近頃の入居希望者はネット検索で大まかに調べた上で、内見に臨みます。もしネット情報に掲載されていないとしたら、不動産賃貸市場に出ていないことと同じです。SUUMOやHOME'S、そしてアットホームに物件を掲載してくれるようお願いする。広告料の負担問題もありますが、大した出費ではありません。退去から次の入居までのタイムラグを可能な限り短縮する努力が求められます。

大家さんは、いつも忙しいわけじゃありません。ただ問題が発生したら、反応の速さが求められます。だからこそ本業のある旦那様だけでなく、後方部隊の奥様の協力が求められるのです。鍵は**「感謝」**。忘れないでください。

管理業務と確定申告

その昔、もぐりの大家さんはかなりの数がいらっしゃいました。ただ、もぐりの大家さんは絶対に金融機関から信用されません。しかもある日突然重加算税を請求され、血の気が引き青い顔になる怖れがあります。

「去年は年末に1ヶ月だけ家賃が入って20万円以下だから、必要ないな。来年やるよ」

こういう人には「生兵法は怪我の元」という諺を差し上げたい。

確かに巷には「20万円ルール」が存在します。いわく、所得外の雑収入が20万円以下ならば、確定申告をする必要はないという民間療法的逸話です。完全に間違っているわけではありません。しかしながら、大切な前提条件が抜け落ちています。

それは、「20万円ルールが適用されるのは〝年末調整したサラリーマン〟のみ」という事実です。

たとえばお蕎麦屋さんが中古のワンルームマンションを買ったとして、去年の家賃は20万円以下だから確定申告しなくていいかと言うと、1円残らず計上しなくては、「脱税」

になります。主所得である蕎麦屋の経営で確定申告するのですから家賃も計上する、当たり前のことです。

年間給与所得が2000万円を超える人々も、確定申告をしなければなりません。そもそも2000万円は浮世から離れた超高給取りですから、年末調整なんてしないで自分でしてねという制度なのですが、こうした人も家賃がいくらであっても確定申告をしなければなりません。

それから、原稿書きや休日の結婚式の司会をしている民放アナウンサーも申告しなければなりません。こうした人は副業があって確定申告をしているのですから、家賃だけを計上しないと脱税とみなされてしまうのです。

あと、ちゃぶ台をひっくり返すようですけど、確定申告は「所得税」を確定させるための制度です。所得税に比例して納税しなければならないのが住民税です。

お分かりでしょうか、所得税については小額不追求ですけれど、住民税は違います。徴税にやっきになっている市区町村が脱税を見つけると、「一罰百戒」で厳しい対応をとることでしょう。

投資用不動産を購入したら、**とにかく確定申告するのが鉄則**です。

「ちなみにさ、確定申告しなかったらどうなるの?」

最悪、重加算税が圧しかかります。

そもそも確定申告は、

①商売をしている人

②所有不動産を貸している方

③年収2000万円以上の給与所得者

④複数の企業から収入を得ていて、年末調整のできない方

⑤医療費を支払いすぎている方

⑥退職金を頂いた方で所得税の精算を終了していない人

⑦新築住宅購入や一定の増改築をして住宅借入金等特別控除を受ける方

その他にも生命保険会社から満期金や一時金を受けた方の一部や年金を受給していて所得税の精算が終了していない方などが確定申告をしなければなりません。

申告時期は翌年の2月15日前後から3月15日前後の1ヶ月間です。

原則、管轄の税務署に出向きますが、郵送での受付も受理しています。ただし消印が期限前でなければなりません。また申告者控えを受け取るため、返信用封筒に切手を貼り同封してください。

「そんなこと知らないよ。勝手なんだよ」

公官庁は法律に従っています。法律を施行する際、一定期間の告知期間を設けているので全国民は知っているという立場に立っています。「知らなかったんだ」なんて言い訳は糞《くそ》の役にも立ちません。

一切無視をすると、無申告加算税の15〜20%、悪質であれば重加算税として40%がかけられます！　住民税も請求されますから、利益の6割前後が消えてなくなるのです。

さらに延滞税がかかります。納税するべき最終期限の翌日を起算日として納税されるまでの間、年率14・6%！　法定納付期限の翌日から2ヶ月以内は7・3%ですけれど、仮に2年放置して無申告加算税を課されると、利益以上のお金を納付しなければならないのです。

悪いことは言いません。

納税は国民の義務ですから、逃げ続けてもいいことなんて一つもありません。

覚悟を決めて確定申告をなさってください。

「なんかさ、体制に媚びてない？　税金、税金って、税務署の回し者みたい。悪いけど」はっきり申し上げますが、なぜ税金を嫌がるのでしょう。

確かに商売になんの手助けをしてくれなかった国や市区町村に「税金」という名目で持っていかれるのは腹が立つかもしれません。ただ、悪いことばかりではない。金融機関は高額納税者を心から尊敬し、融資対象者として認めてくれるのです。

お金は「天下の回り物」。支払った税金は社会整備に使われ、国の治安や秩序維持に使用され、医療費や年金の積み立てにも活用されています。誰も税金を支払わなければ、混沌とした社会です。警察官も消防署も誰1人雇うことはできません。誰もが、皆さんのように稼げるわけではない。代表者として税金を支払うことに誇りを持つべきです。そして正々堂々、納税する皆さんは行政や金融機関から信用されて、次のステージに上がることが可能となるのです。

「情けは人の為ならず」、納税も同じではないでしょうか。

頼りになるのは、管轄の**青色申告会**です。「市区町村と番地　青色申告会」で検索すれば管轄の青色申告会が分かります。誰もが初心者ですから、分からないことは分からないと聞く。「聞くは一時の恥、聞かぬは一生の恥」と言うではないですか。月々の加盟費は2000円前後、年間2万4000円かかりますが、それ以上のメリットがあります。わけのわからない税理士にお願いするなら、青色申告会を活用するほうがいい。税務署を退職した人が管理職として勤務していますから、青色申告会加盟者は税務署から目をつけられにくいというメリットもあります。また申告期間は2月半ばから3月半ばなので、5月から11月は死ぬほどヒマです。奥様に平日昼間に行ってもらえれば、経費がどの項目に入るのかまで手伝ってくれることでしょう。

それに最近は確定申告用のソフトも充実しています。我が家では**「弥生会計」**を採用し、100室の確定申告を妻1人でこなしています。

できるんです。

怖れる必要はありません。確定申告も、あわてず　あせらず　あきらめなければ、必ず家族だけで処理できます。旦那様は「ありがとな、君のおかげだ」と労《ねぎら》ってください。

第六章

引き継ぎと相続

事業規模と専従者給与

預金封鎖という言葉をご存知でしょうか。

皆さんが金融機関に預けているお金を引き出せなくなる経済的措置です。

先の大東亜戦争で敗戦し、戦時国債を所有していた国民は換金を求めましたが、政府に支払い能力はなく、国民の預貯金により補填することにしました。

具体的には、預金の1日当たりの引き出しを小額に設定し、一定期間で旧円を使用できなくし新円に切り替えたのです。

結果として国民の預貯金をほとんど奪い去り、新規の経済体制に移行させました。

「関係ないね。国の借金が1000兆円超えているって騒いじゃいるけど、日本は世界一の債権国だから、やる必要もないし、できないよ」

ご存知ですね。

日本の純債権は240兆円！　押しも押されもせぬ世界一の債権国ですから、日本国債の信用は厚く、国内の預金を担保に日本国債を返済することなどありません。

ただ思わぬことでほとんどの日本国民は「預金封鎖」という言葉を耳にされることになる。それは一家の大黒柱がお亡くなりになることから始まります。

預金を預かっている金融機関から見ると、口座名義人が死亡した後の正当な相続人が分からぬうちに預金を引き出された場合、損害賠償の責任を問われる可能性があります。そこで口座名義人の死亡を知った時点で、預金口座を凍結しなければならないのです。電気・ガス・上下水道料金に携帯電話代など、口座振替もすべて停止します。傍目からは滞納と同じ状態です。

「え、まじかよ。アパートローンはどうなるの？」

当然、口座振替は停止。そのまま放置すると、差し押さえられて競売に付されることになります。凍結を解除するには、二つの手段があります。

一つは法律に基づいた遺言書を家庭裁判所で開示し、家庭裁判所の決定事項として金融機関に提示すること。ただし、遺言書は公正証書遺言や自筆証書遺言など、遺言の正当性は厳格に求められ、自筆遺言の場合は家庭裁判所での検認手続きを経て検認済証明書を求められます。遺言執行者がいる場合、亡くなった被相続人の死亡が記載された戸籍だけで、凍結解除できる簡易措置もあります。公正証書遺言は年間9万5000件前後、自筆遺言は1万件前後、合計で10万5000件です。一方、死亡者数は130万人ですから、遺言を残されている方は10％以下です。

通常、相続はすべての法定相続人が署名捺印して合意をなす遺産分割協議書を作成することでなされます。相続の争いなんて、どこか他人事と思っていらっしゃらないでしょうか。必要な書類があるなら、身内で相談すればそれでお終い。預金封鎖なんて1ヶ月もすれば終わると高をくくっていらっしゃらないでしょうか。

とんでもない間違いです。

相続財産の分割は遺族にとって、一攫千金のチャンスに映ります。死んだ人はもう文句は言いません。虐げられた人ほど抵抗します。生前、安定していた序列はもうありません。法定相続人は遺言になんと書かれていても、最低限、法定相続分の2分の1は慰留分として法的保護の対象ですから、口を閉じることはないと知るべきです。

遺産分割協議書作成の書類集めも大変です。

亡くなった被相続人の出生から死亡までの連続した戸籍簿謄本、法定相続人および、遺言で指定された指定相続人すべての戸籍簿謄本（全部事項証明書）、相続人全員の印鑑証明書、通帳やカードに銀行印。そして遺産分割に合意したことを証明する「遺産分割協議書」です。

本当に大変です。

アパートローンを抱えた投資用不動産で団体生命保険に入っているなら、死亡したことを証明して残債を保険給付金で完済することもできます。一方、払い続けなければならないなら、金融機関に不動産賃貸経営を続けることを宣告し、ローンの引き当てを認めてもらう必要があります。

どんなに早くても2ヶ月はかかる。驚くほど煩雑な処理に巻き込まれます。

事実、家庭裁判所に申し立てられる遺産分割事件は右肩上がりです。昭和60年に6176件だった事件数は平成23年に14029件、相談件数はその10倍です。最悪2年、いや最高裁判決までの5年の月日を覚悟しなければならないのです。

「ど、どうすりゃいいの？」

引き継ぎをするべきです。

1人で不動産賃貸業を抱え込み、すべての業務をご自身かアウトソーシングをしていると、「相続」は一族の争う「争族」になりかねません。家賃は入ってくるもの。トラブルは業者が解決するものと身内が高をくくっていると、取り分を多く望むのは当然のことです。だからこそ不動産賃貸業の実態を可能な限り、すべてを別け隔てなく伝える必要があるのです。

兼業大家さんは、あくまでも「家業」です。

正社員であっても雇用の安定しない社会で生き抜く、自衛の措置としてのセカンドビジネスです。片意地を張らないでください。奥様は唯一無二のグッドハーフなのですから、管理業務を通じて不動産賃貸業のノウハウを引き継ぐことです。

「預金封鎖は？　ノウハウを引き継いでも預金封鎖になったらどうするの？」

引き継ぎをすることで一族が争う「争族」の可能性を限りなく低くすることこそ、最も大切な心構えです。大家さんの価値を共有すれば、アパートローンの滞納により投資用不動産が競売にかかることの重大さが分かります。

ならば遺言の通りにする。もしくは遺産分割協議書を作成し、不満な部分はあとで相談するなどの緊急措置の合意が可能となります。人は感情の動物です。感情を抜きにすると、あとで大きなしっぺ返しを食うことになる。普段の家族間の理解ほど大切なものはないのです。

もう一つ、規模の問題があります。

返済をともなわない自己資金で購入した貸家のみであれば、遺産分割協議書の作成に時間がかかったとしても大した被害はありません。かと言って、不便が何もないわけではない。クレームがあって費用の支出をともなう場合においては、預金封鎖された家賃入金口座から支出できませんから、相続人の誰かが肩代わりしなければなりません。もちろん、固定資産税や都市計画税などの税金も同様です。そして入居者が退去すると入居募集は一切できなくなる。所有者の統一した「賃貸として活用する」という意思表示ができないのですから、当然です。

ただ戸建ての店子さんは5年以上、平均9年前後入居していただけますから、退去は頻発しないでしょう。ところが5棟10室、事業規模以上の大家さんだとそうも言っていられなくなります。仮に戸建てを9戸所有していれば1年に1戸入退去が発生するのですから、現実の問題です。可能な限り迅速に相続問題を解決しなければ、不都合は大きくなるのは必然です。

そこで事業規模を超えたなら、専従者給与を奥様に給料として支払うことを考慮されてはいかがでしょう。正式名称は、「青色事業専従者」です。手続き根拠法は「所得税法57条」で、対象者は青色事業に専従者として労働する給与額を必要経費に算入しようとする青色申告者です。

5棟10室の事業規模以上の大家さんは間違いなく青色事業者ですから、奥様に給与を支払うことができるのです。手数料はかかりません。管轄の青色申告会に所定の届書を持参もしくは送付により提出すれば、手続きは終了します。

「何が変わるの？　結局、同じ財布でしょ」

専従者給与で支払った給与は奥様の資産ですから、旦那様がお亡くなりになっても預金封鎖の対象ではありません。仮に何もなく奥様が「へそくり」をしていたとしたら、生前贈与税の対象となるか脱税として疑われかねません。

２０１５年秋、今から1年後には国民総背番号制が発足します。国民1人に対し原則として一生不変の「マイナンバー」が割り当てられます。２０１６年1月からは納税申告や年金、国民健康保険など社会保障すべてにマイナンバーがとって代わることになる。個人の預金口座も同じことですから、「へそくり」という旦那の口座から恣意的にお金を移動させることも原則禁止になる怖れがあります。

そもそも安倍総理自ら「女性の就労意欲をそいでいる」と口にされている配偶者控除は、遅かれ早かれ見直されます。1年に１０３万円以下、もしくは１３０万円以下で働くことの有利さはどこかへ消え去る運命です。

事業規模を超えると、給与と不動産所得の合算ですから、税金を多く払う必要がある。累進課税の所得税ですから、仕方がありません。ならば奥様に所得を配分し、節税と預金封鎖対策の一石二鳥を狙うべきです。実際、奥様も不動産賃貸業に参加されているのですから、当然の権利です。

なんだか嫌になりますが、国は曖昧模糊《あいまいもこ》としていたわが国のお金のやり取りをすべて把握し、あらゆる場所で課税しようとしている。携帯電話課税やペット課税が論議されていることを見ても、その傾向は強まっているように思います。

自衛すればいい。

国が私たちの懐に手を伸ばすなら、私たちは自ら足を出し、手を出し、金を稼ぎ、合法的な節税をして生活を守るべきです。専従者給与を奥様に支払えば、もう一段上の作戦が可能となります。余剰家賃をかき集め、奥様の専従者給与の積立金として借金なく戸建てやアパートを購入すればいい。借金がないから直接所得は上昇し、さらなる買い増しも可能となります。財布は一つ。いいじゃないですか。先行は旦那さん、二番手走者は奥さん、貸家は増加し、生活不安などどこか遠くに過ぎ去っていくのです。

ノウハウの共有と生前相続

兼業大家さんのノウハウは生きているうちに、可能な限り家族に伝えてください。皆さんが当たり前だと思うことも、ご家族に理解してもらうのはとても困難です。まずは所有されている貸家ツアーを企画すること。管理をお願いしているなら、不動産賃貸業の皆さんに顔を覚えてもらうことです。

「へぇ～、うちは大家さんやってんだ」

家族も耳にしているだけでは、どこか遠くのことだと思っていることでしょう。ただ実際に目にし、手で触れ、関係者に頭を下げているうちに実感として分かってきます。貸家ツアーの最後には「焼肉屋」や「寿司屋」に寄り、これまでのことをご自身の言葉で伝えてください。一昔前、囲炉裏端で家長が一族に伝えた口伝を実行するのと同様です。言葉足らずなんて気にしないでください。誰もが噺家《はなしか》ではないのですから、そんなことを気にはしていません。ポイントは、「なぜ兼業大家さんを始めようと思ったか」その動機です。

大儲けしようとしたのではない。当たり前に働き、当たり前に暮らしたい。「家族の安寧を守るために、本業の他にサイドビジネスとして兼業大家さんを選択した」動機そのものをお話しいただきたい。苦労話はそのあとのこと。血湧き肉踊る手柄話はもっとあと。ご家族は皆さんの動機を知りたい。自分はどれだけ大切に思われているかを実感したい。スキルの伝承はこれと思った本を読んでもらえばいい。ただ皆さんの動機は皆さんしか語れない。貸家ツアーのあとだからこそ、特別な日にうまい料理を前にしているからこそ、心の奥底にしっかりと伝わるのです。

50歳の声を聞いたなら、生前相続を考えるべきです。

奥様が年下ならなおさらです。私の妻は10歳下。日本女性の平均寿命は87歳、日本男性の平均寿命は80歳で7歳の差。妻は私亡き後17年は1人で暮らさなければなりません。しかも私の親父は73歳で死去しているのに、彼女のおばあちゃんは94歳で今もかくしゃく。つまり私の家系は短命の怖れがあり、彼女の家系は長命の確率が高い。今から生前贈与を考えなければ、手遅れになると思ってのことです。

生前相続の方法のいくつかをこれから解説いたしますので、ご参考になさってください。

〈専従者給与を活用した物件取得〉

事業規模を超えた兼業大家さんが対象です。

奥様に専従者給与を支払い、積み立てたお金で投資用不動産を購入していただきます。すでに基盤はできているのですから、奥様には借入れをさせず借金は旦那さんが背負います。ある程度の規模になったところで、もっと増やすか、それとも借入れせず余剰家賃を積み立てて物件を増やすか決定すれば構いません。旦那さんが急死し、家賃入金口座が預金封鎖されても奥様の口座で急場をしのげます。

〈贈与と信用供与による投資用不動産の取得〉

贈与と信用供与を組み合わせ、奥様や子供たちに投資用不動産を獲得させる。不思議に思うでしょうが、遺族には生前から貸家を持たせるべきです。

もし実行しないなら、子供たちは皆さんの早死にを心待ちにするかもしれません。

一方、1軒だけでも貸家を持たせてやると、それを種銭として増やすことに魅力を感じる。超個人年金の方法を伝授すれば、本業と貸家の関係を理解し、兼業大家さんのスキルを学ぼうと皆さんを師匠に祭り上げてくれるかもしれません。

ところが「これは俺のものだ。俺の目の黒いうちは一切触らせない」と独り占めにしていると、皆さんの目が白くなるのを願っても不思議ではないのです。

贈与と言うと、税金がすぐに頭に浮かびます。しかし1年に110万円の贈与に税金はかかりません。子供たちに年間90万円の貯金を実行させ、皆さんは110万円を贈与すれば、年間200万円の自己資金が積み増します。2年経過すれば、貸家1戸の総投資額になる。4年続ければ2軒ですから、

「あとは好きにしろ。これで月額10万円だ。増やすかどうか、それはお前の自由だ」

と突き放せばいい。きっと彼らは

「父さん、教えてほしいんだ。これからどうやればいいの?」

と、つぶらな瞳で教えを乞《こ》うことでしょう。

２年の月日が待てないなら、税金を払えばそれでいい。４００万円の贈与の場合、33万５０００円の税金ですから、さほど高くありません。

「５５０万円の特例って、あった気がするけど……」

それはマイホームの場合です。５５０万円までは無税ですし、１５００万円まで贈与税は軽減されます。マイホームとして購入し、貸家にする手段はなくはありませんが、脱法に近い手法ですからお勧めできません。

何時いかなる時も**「正々堂々」**が基本です。

資産を所有する旦那さんが、奥様やお子さんに**「信用供与」**を提供するのも有効な生前贈与の一つです。信用供与とは奥さんやお子さんが金融機関から融資を受ける際、旦那さんが連帯保証人になったり、物的担保として所有不動産を抵当権として拠出することです。

連帯保証人の人的担保、抵当権などの物的担保に税金は一切かかりません。

信用供与しているのですから、運営の是非を問うのは当たり前です。何かあればノウハウを授け、安定した経営を心がけてあげてください。遺族の資産を増やすアクションは彼らへの無償の愛です。旦那さんが生きている限り、大切にされることでしょう。

〈既存投資用不動産の譲渡〉

すでにある投資用不動産を遺族にどう引き渡すか。がんや白血病などで余命いくばくもない。もしくは健康に自信が持てない旦那さんにとって喫緊《きっきん》の課題です。

3年の月日があるなら、完璧。もし1年生きているなら、なんとかできる手法がありま す。それは不動産の所有権を持分権として分割し、土地の一部を遺族と借地契約を交わす ことです。

不動産の価値は名義人が1人で更地の状態が一番高く、名義が複数で建物があり、土地賃貸借契約が締結されていて、第三者に貸されている状態が一番安い。

両極端です。

名義人が1人で更地の不動産は何を建てようと自由で、関係者は1人ですから、評価は市場流通価格と比例します。

一方、名義は持分権で所有者が複数だと、何を建てるにも全員の賛成が必須であり、自由度はなくなります。しかも土地賃貸借契約が締結され、建物が第三者に貸されているとしたら、現状変更なんて無理。だから評価額は駄々下がりになる。当然の帰結です。

投資用不動産の生前相続はこの評価基準を逆手に取る手法、借金は必要ありません。

具体的には建物の4分の1の持分を相続人に安く譲渡します。4分の1であり、全体ではありませんから、かなり値下げしてもあとで無効とされません。金融機関からの融資は旦那さんが信用供与すれば、問題なく実行されることでしょう。建物は借地権付建物になりますから、底地権者である旦那さんと土地賃貸借契約を締結すればいい。翌年は2分の1の持分権を旦那さんから譲渡すれば、それで終了。課税評価額は見る見る下がり、納税する必要は限りなくゼロになることでしょう。

ただし投資用不動産の価値を積極的に毀損するこの手法は、この世から去り行く被相続人と相続人の信用があってこそです。

投資用不動産の生前相続については、以上の通りです。

ただ不動産は投資用不動産だけでないのは、ご存知の通り。先祖が残してくれただだっ広い実家をどうするのか。物納しても相続税を滞納すると延滞税がかかるから、結局高くなるのではないか、などさまざまな悩みが存在します。

ご存知のように、2015年1月から相続税は大幅増税となります。

基礎控除は5000万円から3000万円に引き下げられ、法定相続人1人当たり1000万円は600万円に引き下げられます。

仮に奥様と子供2人の場合、現行制度の基礎控除額は8000万円（計算式：5000

万円＋１０００万円×３人）でしたが、４８００万円（計算式：３０００万円＋６００万円×３人）と、３２００万円基礎控除額は引き下げられます。

相続税の税率も6段階から8段階に細分化され、最高税率は50％から55％に引き上げられる。網の目を細かく大きくして、相続税の大幅増税を意図しています。

ある試算によると、これまで被相続人１００人中、相続税がかかるのは４人でしたが、今後は10人に１人となる予定。兼業大家さんの多くは相続税納税者になるのです。

投資用不動産はお金を生んでくれるのですから、相続税を支払ったとしてもなんとかなる。

しかし自宅はそうはいかない。相続した自宅に価値があればあるほど、悩みは深く大きくなります。

増税ばかりでは気が引けたのでしょうか。政府は改正相続法に自宅関連の緩和策を盛り込みました。

それは**〈小規模住宅地等の特例制度〉**です。

同制度は、相続により事業地や自宅を相続税納付により手放す悲劇を軽減させるために設けられた制度です。

区分	現行制度 適用面積	現行制度 減額割合	改正後の制度 適用面積	改正後の制度 減額割合
❶特定事業用・特定同族会社事業用	400㎡まで	△80％	400㎡まで	△80％
❷特定居住用	240㎡まで	△80％	330㎡まで	△80％
❸貸付事業用	200㎡まで	△50％	200㎡まで	△50％

これまで、前述3種類の土地があった場合、適用面積すべての評価を下げることはできず、一定の上限がありました。改正後は、❶と❷の土地のみの評価を下げる場合においては、730㎡の上限一杯まで評価を下げることが可能となります。また特に大きく変動したのは、❷の特定居住用土地です。特定居住用地は二世帯住宅の要件緩和です。

改正前は構造上区分があり二世帯住宅で相互の行き来ができない場合、評価が下がるのは親が居住する建物に要する土地のみでした。これが子供の住宅用地も下げることにし、面積も240㎡から330㎡まで拡大しました。二世帯住宅推進政策と、言い換えても言い過ぎではありません。

また自宅を賃貸住宅にすると、土地の評価額は自宅用地よりも2割削減され、建物は固定資産税評価額の7割になります。

建物の固定資産税評価額は法定耐用年数でゼロとなりますが、新築時は新築価格の約5割ですから、新築時において新築価格の3・5割。なんと全額自己資金で建築したとすると、65％の課税評価を引き下げることが可能になるのです。

なにはともあれ、転ばぬ先の杖《つえ》。生きているうちに、次世代に引き継ぐ手段を講じるべきです。

ただし巨額の借入れをともなう相続税対策は、眉に唾を何度もつけたほうがいい。特に相談者が工務店やアパート建築業者の場合はすぐに席を立つべきです。彼らの意図は、皆さんがお亡くなりになった後の遺族の未来を案じてのものではありません。

請負金額を1円でも高くしたい。工事を受注して儲けたい。単純に目的を問いただせば、それだけのこと。彼らにも彼らが守るべき社員や家族があるのですから、当然です。

生前相続の手順を5つに大別すると、

❶兼業大家さんの実態をメリット・デメリットともに理解させ、動機について話す
❷奥様には専従者給与を支払い、貸家を所有させ、死後の預金封鎖に備える

❸贈与や信用供与により、子供たちにも投資用不動産を取得させ、実地訓練する
❹持分譲渡や借地権締結により、所有不動産の価値を下げて遺族に譲渡する
❺小規模住宅の特例等を活用し、自宅の課税価格を下げる

以上の通りです。

相談料が無料だからと、工務店や信託銀行などの相談会に参加すると、営業マンが列をなしてやってきます。彼らは彼らの商売に忠実なだけ。彼らを招き入れてしまったのは自らの行動だと認識してください。

相続税の把握は青色申告会に相談して、紹介していただいた税理士にお金を払って相談すること。単純なことであれば、青色申告会の職員が詳細に説明してくださいます。そして個別具体的な回答を求めるなら、紹介していただいた税理士に数万円支払う。彼らは専門家として、書面で納得の行く回答をしてくれます。基本は支払いに不安のある巨額の借金をしないこと。どんなに儲かると誘われても、巨額の借金をするとリスクを抱えることになるのです。「立つ鳥あとを濁さず」と言う通り、皆さんが不安を覚える借金を遺族に残してはならない。よくよく肝にお銘じください。

生き抜くための知恵

生き抜くためには、いずれ「死ぬ」ことをよく知ることです。

生ある者は死を迎える。いずれ地上に別れを告げる瞬間が訪れる。抗《あらが》いようのない事実を受け入れることだと思います。

生き方は死に方に通じています。

鳴かぬなら殺してしまえホトトギスと揶揄された**織田信長**は、重鎮である明智光秀に謀《む》反《ほん》を起こされ、京都の本能寺で非業の死を遂げました。享年49歳。謀反の原因は諸説存在しますが、「日ノ本に王は二人いらぬ」と言葉荒く口にしたことが有力とか。朝廷からの官位を断り続けた織田信長の言動と一致しています。

織田信長は死を怖れぬ戦人《いくさびと》でした。敦盛《あつもり》の一節「人生五十年」と嘯《うそぶ》きながら死をあざ笑い、日本のみならず世界を手にしようとしていた。結果としてこれまでの秩序のすべてを否定したため、内部にも敵を作ったように思えます。

鳴かぬなら鳴かせてみせようホトトギスと称せられた**豊臣秀吉**は立身出世の傑物です。

義父の竹阿弥《たけあみ》と折り合いが悪く家出し、行商を経た後に織田信長の配下に潜り込みました。己の配下を持たぬ彼は、野武士の棟梁である蜂須賀小六《はちすかころく》の協力を得て墨俣《すのまた》の一夜城を築き、出世の糸口をつかみます。

その後も、癇癪《かんしゃく》持ちの織田信長によく仕え戦国大名となり、中国攻めの総大将に任ぜられます。謀反を起こした明智光秀を中国大返しで打ち破り天下人になるものの、正室の「おね」に子供はできず、側室の「おちゃちゃ」の子供も自分の子供かどうか分からず、豊臣の世を確立できぬまま、将来を案じつつ死の床に伏せました。

享年62歳。いつまでも生に執着し続けた人生でした。

鳴かぬなら鳴くまで待とうホトトギスとその性格を描写された**徳川家康**は、幼い頃は今川義元の人質として忍従の日々を送り、桶狭間の戦いで織田信長が勝利すると信長の配下に下り、豊臣秀吉が天下を取ると己の母を人質として大阪に送り、耐え忍びました。

秀吉亡きあと、関が原に勝利した家康はさっさと将軍職を秀忠に譲り、以後「将軍職は徳川家が世襲していく」ことを天下に示しました。

その後、大阪冬の陣、大阪夏の陣で豊臣勢に勝利し徳川磐石の態勢を築き、武家諸法度と禁中並公家諸法度を制定し、武士と朝廷が守るべき法律を制定しました。享年75歳。江戸幕府260年の礎を築いた上での大往生でした。

独断と偏見で申しますと、織田信長は「死」を怖れず、豊臣秀吉は「生」に執着し、徳川家康は「死」を受け入れていた。いずれも一般人の能力をはるかに凌駕《りょうが》した傑物ながら、生と死をどのように扱うかで生き様は変わるように思えます。

死は貧富の区別をしません。世界中の富を集めたとしても、使い切れぬまま死ぬことになる。この事実を知れば、「足るを知る」。家賃が下がり入居率が落ちること、環境が変わることを前提にした踊り場を設けない鉄砲階段投資なんて選択はしない。

諸行無常の原則を知れば、現在の投資環境が変わることに異論を挟む無力さを知る。むしろどのように変化するのか予測をし、手を打つようになる。移民政策が本格的に採用される日本の行く末にどう対処するべきか、頭を切り替えるのと同様です。

ともすれば、明日は今日と同じ日常が来るように錯覚します。

確かに代わり映えのない日々を過ごしていると、仕方がないのかもしれません。しかしながら日々刻々世界は変化し続けている。その変化は良くも悪くも私たちの事情を斟酌《しんしゃく》することなどありません。

社会は矛盾をはらんでいます。日本社会で常識とされている建物価値下落の法則もその一つ。そして突如注目を浴びている**「個人年金」のあまりにも低い投資効果も矛盾の一つ**です。さらにマイホームを売却しても住宅ローンの残存債務を返済できない不条理も見逃せません。

政治家や大企業の怠慢を口汚く罵っても、状況は1ミリも向上しません。矛盾や社会の不条理をありのままに受け止め、むしろ利用することこそ生き抜くための知恵です。

大切なことですから何度でも申し上げますが、15年後の正社員の権利は現在の派遣社員の地位とさほど違いがありません。雇用契約は企業有利に再構築され、社員は物言えぬままとなる。雇用機会が国内から世界に拡がり、うるさく言うなら日本から出ていくと企業が言えば、政治家も有権者も非難のトーンを下げるしかない。新興国に生まれた天才児と職を争うことになるのですから、就職戦線は激しさを増すことでしょう。

ただ変化は大河の流れのように徐々に変化します。10年の間、正社員の地位はまだ価値を持つことでしょう。残された時間をどう活用するか。これが生き抜く知恵です。

文句は胸に収め、自らが努力できることを指折り数えてみることです。

私も皆さんも、そして戦国時代に生き抜いた人々も万能ではありません。できることとできないことが必ずある。

不満ばかり口にする人はできないことをあげつらいます。

不満を口にして何になるのか。対応策を掲げぬままダメ出しをし続けて何か生まれるのか。残念ながら、私には理解できません。

それよりも社会の矛盾や歪みを見つけることです。矛盾や歪みがかなりの期間そのままであるなら、利用すればいい。

たとえば建物価値下落の法則が続く日本。正面突破の抗議は中古不動産の価値を見直す運動でしょう。しかし環境をありのまま受け入れるなら、中古不動産の賃貸活用になる。

仮に中古不動産の有効利用が活発になれば、市場原理から中古不動産の値段は上がっていく。社会の矛盾は解消に向かって一歩前進するのです。

さいわいなことに日本は治水が隅々まで行き渡り、道路や電力網は整備され、治安は良く、原生林を含めた自然は残されています。日本では当たり前のことが世界ではそうではない。日本人として生まれた優位さは、ここしばらく変わることはありません。

海外から押し寄せる移民を恐怖するのではなく、彼らを当たり前の環境と捉え、自らの生活向上に利用する手段はないかと考えを変えることこそ、生き抜くための知恵。10年以内に事業規模以上の大家さんになれば、雇用環境が激変しようともご家族の生活を守ることができます。

特殊な能力なんて必要ありません。確かに兼業大家さんはセカンドビジネスですから、本業をこなしながら物件を探したり、金融機関と融資の交渉をしたり、管理に時間を割かなければなりません。

ただそれも自分だけで実行するのではなく、家族の協力をお願いすれば、結束強化につながる。

強い、何でもできると威張る織田信長ではなく、家臣の結束に心血を注いだ徳川家康の生き方に近い。２６０年の江戸幕府を築いた家康の処世術こそ、兼業大家さんが手本とするべきだと考えます。

あとがき

今年の6月20日、大倉商事㈱で組んだ住宅ローンが終わりました。返済期間は20年、金利3％、借り入れた金額は７２０万、毎月３万９９３１円の住宅ローンでした。支払い総額は９５８万３４４０円、金利分として２３８万３４４０円を支払いました。20年一昔と申しますが、身にしみて分かります。当時の私は、独身で競売不動産再販売プロジェクトの実績造りとして、特別売却物件を連続して2戸購入していました。住宅ローンを組んだ江東区南砂のマンションは3件目の落札物件。稟議は順調に進み、残すは役員決済を待つばかり。決済されれば、落札した江東区のマンションは再販売第一号の物件となり、落札した残金は設立する子会社が支払う予定でした。

ところが副社長の反対で稟議は否決され、残金の当てはなくなりました。窮した私は組合にかけ合い、住宅用資金として残金の借入れを許可され事なきを得たのです。

20年の月日は人生を激変させます。独身だった私は3人の子供を持つ父親に。今年の春、長女は大学受験に挑戦し、６戦して１勝５敗。青山学院女子短期大学に入学しました。長男は高校受験に挑み、５戦し３勝２敗、都立両国高校に入学しました。末っ子の次女は江東区立第二南砂中学校の2年生、バスケ部員として汗を流しています。

一方、勤め先の大倉商事㈱は平成10年8月21日、東証一部上場だったにもかかわらず自己破産申請を申し立て、この世から消えてなくなりました。

110余年を誇る大倉商事は雲散霧消し、広島県呉市で生まれた悪ガキは東京の地でなんとか家庭を築いています。その差は何か。

変化をどのように捉え、どのように活用したのか、その違いのように私には思えます。財閥企業の末梢にして中堅商社の大倉商事は取引会社が多く、社会の信用もありました。ただ世の中の変化に乗ったのかと言えば、私を含めた社員は満足な働きを見せなかった。潰れるはずのない会社が消え、特別売却の残金の支払いに窮していた個人は20年後に借金を返済し終えています。企業も人も社会から見れば同じ存在です。必要な会社や人物は重用され、必要とされない企業や人物はスピンアウトされていきます。

これからの20年の変化は今以上の激変が予想されます。

その大きな要因は資本の国際化にともなう労働市場の自由化です。

どこで生まれたのかという国籍はどんどん意味を失っていくことでしょう。それは200年前、日本において移動と職業の自由が制限されていたことと同様です。私の先祖は長州藩の漁師ときどき海賊の家系ですから、花の都「江戸」に居を構えることなんてありえませんでした。その変化が日本一国から世界規模になろうとしている。資本の国際化を得た企業が今一度、国に縛られることなんてありません。雇用確保と経済成長を企業に頼らざるをえない国は、良くも悪くも企業の言い分を飲むしかない。そして世界の国々をリビングに居ながら知ることのできる環境下、人の移動は制限できない。気に入れば、そこで働きたいと思うのは自然のなりゆき。反対運動は「蟷螂《とうろう》の斧《おの》」です。とどめようがないと認識するべきです。

そしてその変化をどのように活用するのか、皆さんの未来はこれからの選択にかかっています。正社員の地位が高いのはあと10年。

砂時計の「時間の砂粒」はこうしている今も落ち続けているのです。

平成26年9月吉日

藤山勇司

[著者略歴]

藤山勇司（ふじやま・ゆうじ）

作家・大家。1963年広島県呉市生まれ。呉宮原高校から愛媛大学を卒業し、大倉商事に入社。1998年8月、東証一部上場の同社がまさかの自己破産。当然のように無職となり、大家の道に転進。2003年、『サラリーマンでも大家さんになれる46の秘訣』（実業之日本社）を上梓し、元祖サラリーマン大家さんとしてTVなどさまざまなメディアで活躍。現在、10棟のアパートなど100室を所有、家賃総額は4200万円を超えている。

メンター、講演依頼のお申し込み先は、下記までご連絡ください。

KOUJI株式会社　メール　info@kouji-inc.jp
電 話 050-3736-2718　http://www.kouji-inc.jp/

兼業大家さんという超個人年金の話

2014年9月21日　1刷発行

著　者　藤山 勇司
発行者　唐津 隆
発行所　株式会社ビジネス社
〒162-0805　東京都新宿区矢来町114番地 神楽坂高橋ビル5F
電話　03(5227)1602　FAX　03(5227)1603
http://www.business-sha.co.jp

〈印刷・製本〉中央精版印刷株式会社
〈装丁〉金子眞枝　〈DTP〉茂呂田剛（エムアンドケイ）
〈編集担当〉本田朋子　〈営業担当〉山口健志

ISBN978-4-8284-1769-1